レクチャー初級簿記

第2版

千葉商科大学会計研究室 編

中央経済社

はしがき

　本書は，2009年に初出版された『初級簿記会計ワークブック』を全面的に新しく書き換えたものである。元々は，大学1年生向けの授業で活用できる問題集とその解答解説を主眼としていたのであるが，2訂版で大きくその目的を変更し，『レクチャー初級簿記』として初学者を対象にした簿記の基本的なテキスト・ブックとしての役割に重点を移したのである。そして今回の改訂版では，日商簿記3級の試験範囲が2019年にそれまでの個人商店の商業簿記から株式会社の商業簿記に変更されたことに伴い，大幅な内容変更を行った。

　本学千葉商科大学商経学部・人間社会学部では，1年生向けの「初級簿記」を必修科目として設置していることから，すべてのクラスで同じように指導し，かつその進捗も歩調を合わせながら授業を行うように努力している。したがって，全教員が取り組んで作成し利用する教材が必要となってきたのである。

　本書の特徴は，簿記の初学者である学生に対して，大学の授業という限られた回数の中で教えねばならない基本的な項目を徹底的に絞り込んだ内容になっていることである。その意味では，一般的な教材とは一線を画すものであるかもしれない。しかしながら，簿記の初学者に簿記の基本をしっかりと理解してもらうための工夫を十分に凝らしたものであると自負している。

　『初級簿記会計ワークブック』出版以来，10年以上が経過した。その間執筆者も入れ替わり，今改訂版の執筆を担当した教員8人のうち6人が本学出身者となった。彼らには本学学生の手本となるよう今後も活躍してくれることを願っている。

　最後に，本書の刊行にあたって，中央経済社の田邉一正氏・長田烈氏にご尽力を頂いた。ここに記してお礼を申し上げたい。

2023年3月

千葉商科大学会計研究室

目　　次

提出用課題

第1章

簿記の基礎と役割

1■簿記の意義

　生産・営利の目的で生産要素を総合し，継続的に事業を経営する組織体を企業という。その企業の経営活動を一定のルールにしたがって，帳簿に記録・計算・整理する技術を**簿記**（Bookkeeping）という。

2■簿記の種類

　簿記は，記帳方法の違いによって**複式簿記**と**単式簿記**に分類される。複式簿記とは企業の経営活動を一定の方法にしたがって，組織的に**記録・計算・整理**する簿記である。現代の企業で採用されている簿記は主に複式簿記である。複式簿記は，今からおよそ800年前の中世イタリアで発祥したと考えられており，その基本構造は現在でも同じである。一方，単式簿記は特に決まった記帳方法はなく，現金の収入と支出にもとづいて記録・計算・整理する簡単な簿記である。

　また複式簿記は，適用される業種によって**商業簿記**や**工業簿記**などに分類される。商業簿記は主に商品販売業において用いられる簿記であり，卸・小売業のように他の企業から物品（商品）を購入し，それを消費者や他の企業等に売り上げて利益を獲得することを目的とする企業で利用されている簿記である。また工業簿記は主に製造業において用いられる簿記であり，自社で物品（製品）を生産し，それを消費者や他の企業に売り上げて利益を獲得することを目的とする企業で利用されている簿記である。このほかに，**銀行簿記**，**建設業簿記**，**農業簿記**などのように特定の業種に特化した簿記もある。本書では，複式簿記にもとづいた初級的な商業簿記の記帳方法について解説を行う。

3■簿記の目的と役割

　複式簿記の主な目的は，⑴企業の一定時点の**財政状態**を明らかにすること，および⑵企業の一定期間の**経営成績**を明らかにすることである。ここでの一定時点とはある特定の１日を意味し，また一定期間とは帳簿に記録・計算・整理する対象となる期間（４月１日から翌年３月31日までの１年間など）を意味している。複式簿記は，企業の株主や経営者などの**利害関係者**が**意思決定**のために必要とする**会計情報**を**財務諸表**によって報告するために，企業の経営活動を記録・計算・整理するという重要な役割を担っている唯一無二のツールである。なお，資本主義という用語の「資本」という概念は複式簿記から生み出されたものであり，複式簿記が存在しなかったら現在の資本主義経済は成立しなかったといわれている。

4■簿記の前提条件

　簿記には，**会計単位**，**会計期間**，**貨幣金額による表示**という３つの前提条件がある。

会計単位とは，簿記で記録・計算・整理する対象となる範囲のことをいう。簿記では，企業の経営活動に関係する金銭や物品などを記録・計算・整理することを対象としており，出資者である株主個人の生活に関係する金銭や物品などは記録・計算・整理の対象とはならない。

会計期間とは，企業の財政状態や経営成績を明らかにするために区切られた期間をいう。日本では株式会社の会計期間は，4月1日から翌年3月31日までの1年間が最も多いが，これ以外の会計期間を設定してもよい。なお，会計期間の初めを**期首**，終わりを**期末**，期首と期末の間を**期中**という。期末には，簿記において最も重要な**決算**が行われ，決算の行われる日を**決算日**という。決算では，決算日時点の企業の財政状態を明らかにするための**貸借対照表**と，1年間の経営活動を行った成果である経営成績を明らかにするための**損益計算書**などの財務諸表が作成される。簿記で記録・計算・整理する対象となる現在の会計期間のことを当期という。当期の1つ前の会計期間を前期，当期の次の会計期間を次期（翌期）という。

貨幣金額による表示とは，簿記で記録・計算・整理する場合に，共通の尺度として貨幣金額（お金）によって表示することをいう。現在，企業のさまざまな経営活動を一定のルールにしたがって，帳簿に記録・計算・整理するための共通の尺度として利用されているのが貨幣金額である。

第1章◆練習問題

＜基本問題＞　次の〔ア〕～〔ケ〕に当てはまる適切な用語を答えなさい。

(1) 簿記は，企業の経営活動を一定の方法にしたがって組織的に記録・計算・整理する簿記である〔　ア　〕と，特に決まった記帳方法がなく現金の収入と支出にもとづいて記録・計算・整理する簡単な簿記である単式簿記とに分類される。

(2) 簿記は適用される業種によって，商品販売業において用いられる簿記である〔　イ　〕や，製造業において用いられる簿記である工業簿記などに分類される。このほかに，特定の業種に特化した〔　ウ　〕，建設業簿記，農業簿記などの簿記がある。

(3) 簿記には，〔　エ　〕，〔　オ　〕，貨幣金額による表示という3つの前提条件がある。〔　エ　〕とは，簿記で記録・計算・整理する対象となる範囲のことをいう。〔　オ　〕とは，企業の財政状態や経営成績を明らかにするために区切られた期間をいう。

(4) 決算では，決算日時点の企業の財政状態を明らかにするための〔　カ　〕と1年間の経営活動を行った成果である経営成績を明らかにするための〔　キ　〕などの〔　ク　〕が作成される。簿記で記録・計算・整理する対象となる現在の〔　オ　〕のことを〔　ケ　〕という。

ア		イ		ウ	
エ		オ		カ	
キ		ク		ケ	

第2章

株式会社と複式簿記

1■株式会社と複式簿記の関係

　会社とは，営利を目的とする社団法人である。日本の会社法では，会社を**株式会社**・合名会社・合資会社・合同会社の4種類に区分している。株式会社は18世紀の産業革命期において急速に発達した。それは会社の事業規模を拡大するために多額の資金が必要になったことによる。そこで活用されたものが株式を発行して不特定多数の出資者から必要な資金を集める株式会社という企業形態であった。そしてこの時，潜在的な出資者に対して株式会社への出資を意思決定させる資料として考案されたのが，複式簿記によって記録・計算・整理された会社の財政状態を一覧表にまとめた貸借対照表であった。このように株式会社の発達には複式簿記の存在が必要不可欠であった。

　現代における株式会社の特質は，①**法人格**を持つこと，②出資者（株主）による所有が行われ，かつ出資者（株主）は**有限責任**であること，③株式（持分）を**自由**に**譲渡**できること，④会社の所有者と経営者が分離されていることなどがあげられる。なお，会社法には会社の**債権者**を**保護**するための規定も盛り込まれている。

2■株式会社の仕組み

　株式会社は，不特定多数の出資者から資金を集めて経営を行う企業であり，出資者すなわち株主が組織する有限責任会社である。会社法では，株式会社を設立する場合には発起人が**定款**を作成し，発起人の全員がこれに署名または記名押印しなければならない。定款とは，株式会社の目的，組織ならびにその業務執行に関する基本規則を定めた文書である。定款には，次の事項（1．目的，2．商号，3．本店の所在地，4．設立に際して出資される財産の価額またはその最低額，5．発起人の氏名または名称および住所）を記載または記録しなければならないと定められている。

　株式会社の機関は，①**株主総会**，②**取締役**，③取締役会，および④監査役などがある。①株主総会とは，すべての株式会社で必ず設置しなければならない**最高意思決定機関**であり，取締役や監査役の選任および解任などの株式会社の組織，運営，管理その他株式会社に関する一切の事項について決議をすることができる機関をいう。株主総会には毎事業年度終了後の一定の時期に開催される**定時株主総会**と，必要に応じて開催される臨時株主総会がある。なお，株主総会は基本的に取締役によって招集される。②取締役は，株主総会において選任された株式会社の業務執行を行う機関をいう。

　株式会社が発行した株式を取得した者を**株主**という。株主は，株式会社の出資者（＝投資者）であり，取得した株式の数に応じて株主総会での**議決権**や**配当金**を受ける権利を持っている。しかし万が一，資金を出資（投資）した株式会社が倒産した場合でも，株主は有限責任であるため，倒産した会社が債権者に対して負っている債務について一切の責任を負う義務はない。これによって，潜在的な出資者が株

式会社に積極的に投資することが可能となっている。その一方で，株式会社にとっても資金調達が容易な企業形態となっている。

3 ■本書における瑞穂株式会社（当社）と取引関係

　本書では，主に千葉県の特産品の販売を営業活動としている**小規模な株式会社**である瑞穂株式会社（当社）の立場から，複式簿記にもとづく商業簿記の帳簿記入法について説明している。瑞穂株式会社は，長年にわたり瑞穂商店という個人企業の形態で経営を行ってきた。今回，事業規模を拡大するため，瑞穂商店店主が発起人となって株式会社を設立し，設立時発行株式40株のうち30株を引き受け，残りの10株を親族に引受けを依頼して株式会社形態に組織変更した企業という設定である。設立時発行株式40株は1株当たりの払込金額が¥50,000で全株式の引受け・払込みが完了しており，払込金額の全額を資本金に計上してある。また定款に定められている**発行可能株式総数**は100株である。なお会計期間は企業形態の変更に伴い，従来の暦年から4月1日から翌年の3月31日までの1年間に変更を行った。これに伴って決算日も毎年の3月31日に変更となっている。

　当社の主要な取引先は，瑞穂商店の時代からの仕入先：松戸商店・船橋商店，得意先：小岩商店・押上商店の4つの商店である。**仕入先**とは，自分の会社（当社）が販売する商品を仕入れる相手方であり，**得意先**とは当社が商品を販売する相手方（顧客）のことをいう。なお，各取引先との商品代金の支払い・受取りについては現金による売買が主な方法であり，それ以外に信用売買とよばれる「掛け」による取引も採用している。主要な取引先との関係は次のとおりである。

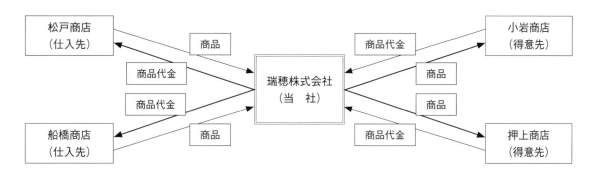

＜基本問題＞ 次の〔ア〕～〔カ〕に当てはまる適切な用語を答えなさい。

(1) 会社とは，〔　ア　〕を目的とする社団法人である。日本の会社法では，会社を〔　イ　〕・合名会社・合資会社・合同会社の4種類に区分している。〔　イ　〕は不特定多数の出資者から資金を集めて経営を行う企業であり，出資者すなわち株主が組織する〔　ウ　〕会社である。

(2) 現代における〔　イ　〕の特質は，①〔　エ　〕を持つこと，②出資者（株主）による所有が行われ，かつ出資者（株主）は〔　ウ　〕であること，③株式（持分）を自由に譲渡できること，④会社の所有者と経営者が〔　オ　〕されていることなどがあげられる。なお，会社法には，会社の〔　カ　〕を保護するための規定も盛り込まれている。

ア		イ		ウ	
エ		オ		カ	

第3章

資産・負債・資本（純資産）と貸借対照表

1■貸借対照表（B/S；Balance Sheet）

　株式会社などの企業では一定時点の財政状態を明らかにするために，⑴資産，⑵負債，⑶資本（純資産）の内容を示した報告書を作成する。この報告書を**貸借対照表**という。簿記では**Tフォーム**とよばれるアルファベットのT字型を用いて貸借対照表を表すことが多い。Tフォームで表した貸借対照表の左側は資産に属する項目とその金額を表示し，右側の上には負債に属する項目とその金額，その下に資本（純資産）に属する項目とその金額を表示する。通常，株式会社では期首貸借対照表と期末貸借対照表の2つが作成されるが，この2つの貸借対照表は基本的には同じ様式である。なお，期末貸借対照表では当期に発生した**純損益**（当期純利益または当期純損失）を繰越利益剰余金に含めて表示する。この当期の期末貸借対照表が次の会計期間（次期）の期首貸借対照表として利用される。

貸借対照表

資　　産	負　　債
	資本（純資産）

⑴　資　産

　企業は，日々の経営活動を行うために，現金・預金・商品・備品・建物などの財貨や，売掛金・貸付金などの将来において一定金額を受け取ることができる権利（債権）をもっている。これらの財貨や債権を資産という。資産に属する主な項目には，現金・普通預金・当座預金・売掛金・商品・貸付金・備品などがある。

⑵　負　債

　企業にとって，仕入先から商品を掛けで仕入れた場合の買掛金など，将来，一定金額を支払わなければならない義務（債務）を負債という。負債に属する主な項目には，買掛金・借入金などがある。

⑶　資本（純資産）

　資産の総額から負債の総額を差し引いた残りを資本（純資産）という。純資産とは会社法にもとづいたよび方である。厳密には，資本と純資産は同一の概念ではないが，初級的な簿記では「資本＝純資産」として学習することが多い。資本（純資産）に属する主な項目には，資本金，繰越利益剰余金などがある。資本（純資産）と資産・負債の関係を示すと次のような資本（純資産）等式になる。

資　産　－　負　債　＝　資本（純資産）　……資本（純資産）等式

また資本（純資産）等式の左辺の負債を右辺に移し替えると次のような貸借対照表等式ができる。

資　産　＝　負　債　＋　資本（純資産）　……貸借対照表等式

資産	財貨	現　　　　　金	紙幣や硬貨などの通貨，他人振出小切手などの通貨代用証券
		普　通　預　金	利息が付く一般預金。預金は自由に預入れと引出しができる。
		当　座　預　金	利息が付かない決済用預金。預金の引出しには小切手の振出しが必要となる。
		商　　　　　品	販売する目的で保有している物品
		建　　　　　物	営業所，事務所，店舗，工場，倉庫などの建築物
		備　　　　　品	営業用の事務机・椅子，陳列ケース，パソコン，固定電話，金庫など
		車 両 運 搬 具	営業用の自動車，トラック，オートバイ，陸上運搬具など
		土　　　　　地	店舗，事務所，倉庫，駐車場などの敷地
	債権	売　　掛　　金	商品を掛けで売り上げた際の未回収の商品代金
		貸　　付　　金	他人に金銭を貸し付け，後日，返済を受ける権利
負債	債務	買　　掛　　金	商品を掛けで仕入れた際の未払いの商品代金
		借　　入　　金	他人から金銭を借り入れ，後日，返済しなければならない義務
資本		資　　本　　金	株式会社の出資者である株主から払い込まれた（給付された）金額
		繰越利益剰余金	会社の経営活動によって獲得された利益のうち，会社内に留保された利益。計算された毎期の純損益は，繰越利益剰余金に加減算して表示される。

会社名　　見出し行　　　貸　借　対　照　表　　決算日などの作成した日　　金額の単位

瑞穂株式会社　　　　　　　　　×2年3月31日　　　　　　（単位：円）

資　　　　　産	金　　額	負債および純資産	金　　額
現　　　　　金	350,000	買　　掛　　金	180,000
普　通　預　金	410,000	借　　入　　金	320,000
当　座　預　金	270,000	資　　本　　金	2,000,000
売　　掛　　金	390,000	繰 越 利 益 剰 余 金	300,000
商　　　　　品	420,000		
備　　　　　品	340,000		
車 両 運 搬 具	620,000		
	2,800,000		2,800,000

合計線（一本線）　　締切り線（二重線）　　斜め合計線（一本線）＊改ざん防止のため

＊資本金の下に繰越利益剰余金を黒字で記入する。

2 ■貸借対照表における当期純損益の計算および表示方法

　企業の一会計期間における経営活動の結果，期末資本（純資産）が期首資本（純資産）よりも増加した場合には，その増加額を**当期純利益**という。当期純利益は，期末貸借対照表では繰越利益剰余金の増加項目として表示される。一方，期末資本（純資産）が期首資本（純資産）よりも減少した場合には，その減少額を**当期純損失**という。当期純損失は，期末貸借対照表では繰越利益剰余金の減少項目として処理される。なお，当期純利益と当期純損失を一括して**当期純損益**とよんでいる。このように当期純損益は，期末資本（純資産）から期首資本（純資産）を差し引くことによって計算できる。この計算方法を財産法とよんでいる。

> **期末資本（純資産）　−　期首資本（純資産）　＝　当期純利益（マイナスの場合には当期純損失）**

　当期純損益の表示方法については，個人企業の貸借対照表の場合は，当期純利益を貸借対照表の右側に表示し，当期純損失を貸借対照表の左側に表示する。

【個人企業】

①　当期純利益の場合
　　　貸借対照表

期 末 資 産	期 末 負 債
	期首資本（純資産）
	当期純利益

②　当期純損失の場合
　　　貸借対照表

期 末 資 産	期 末 負 債
	期首資本（純資産）
当期純損失	

　一方，株式会社の貸借対照表では，当期純利益および当期純損失を表示しない。当期純利益の場合には，右側の繰越利益剰余金の増加分として繰越利益剰余金に含めて表示する。また当期純損失の場合には，右側の繰越利益剰余金の減少分として繰越利益剰余金に（△）記号を付して表示する。

【株式会社】

①　当期純利益の場合
　　　貸借対照表

期 末 資 産	期 末 負 債
	期首資本（純資産）
	繰越利益剰余金 （当期純利益）

②　当期純損失の場合
　　　貸借対照表

期 末 資 産	期 末 負 債
	期首資本（純資産）
	△繰越利益剰余金 （当期純損失）

<基本問題> 次の(ア)～(ケ)の各金額を計算しなさい。なお，当期純損益が純損失の場合には金額の前に
△をつけること。

(単位：円)

		期首貸借対照表			期末貸借対照表			当 期 純損益
		資 産	負 債	資本（純資産）	資 産	負 債	資本（純資産）	
(1)		(ア)	38,000	50,000	90,000	37,000	(イ)	(ウ)
(2)		70,000	(エ)	40,000	(オ)	37,000	45,000	(カ)
(3)		(キ)	30,000	65,000	(ク)	43,000	(ケ)	△5,000

(1)	(ア)		(イ)		(ウ)	
(2)	(エ)		(オ)		(カ)	
(3)	(キ)		(ク)		(ケ)	

<演習問題> 次の瑞穂株式会社の資料にもとづいて，（　　　）に適切な語句または金額を記入して期
末貸借対照表を完成しなさい。なお，繰越利益剰余金の金額Xは各自で計算すること。
会計期間は×2年4月1日から×3年3月31日までである。

資 本 金	2,000,000	買 掛 金	280,000	現 金	250,000
借 入 金	400,000	普 通 預 金	450,000	売 掛 金	400,000
商 品	530,000	繰越利益剰余金	X	備 品	500,000
当 座 預 金	350,000	車 両 運 搬 具	600,000		

貸 借 対 照 表

（　　　）株式会社　　　×　年　月　日　　　(単位：円)

資 産	金 額	負債および純資産	金 額
現 金	（　　　　）	買 掛 金	（　　　　）
（　　　　）	450,000	（　　　　）	400,000
当 座 預 金	（　　　　）	（　　　　）	（　　　　）
（　　　　）	（　　　　）	繰 越 利 益 剰 余 金	（　　　　）
商 品	（　　　　）		
備 品	（　　　　）		
（　　　　）	600,000		
	（　　　　）		（　　　　）

第4章

収益・費用と損益計算書

1 ■損益計算書（P/L；Profit and Loss Statement）

　企業では，一定期間の経営成績を明らかにするために，期間中に発生・消滅した(1)収益，(2)費用の内容を示した報告書を作成する。この報告書を**損益計算書**という。簿記の学習では，貸借対照表と同じく損益計算書もTフォームを用いて表すことが多い。Tフォームで表した損益計算書の左側には費用に属する項目とその金額を表示し，右側には収益に属する項目とその金額を表示する。損益計算書の右側は企業が1年間の経営活動を行って得た儲けを意味し，また左側はその儲けを得るために消費した財貨の価値などを意味している。損益計算書では，当期純利益を費用に属する項目の下に赤字で記入する。

損益計算書

費　　　用	収　　　益

(1) 収　益

　企業が経営活動を行った結果，資本（純資産）を増加させる原因となるものをいう。収益に属する主な項目には，売上，受取家賃，受取手数料，受取利息などがある。

(2) 費　用

　企業が経営活動を行った結果，資本（純資産）を減少させる原因となるものをいう。費用に属する主な項目には，仕入，発送費，給料，広告宣伝費，支払手数料，支払利息，旅費交通費，通信費，消耗品費，水道光熱費，支払家賃，雑費などがある。

収益	売　　　　　上	売り上げた商品の販売価額
	受　取　家　賃	他人に店舗や事務所を賃貸した場合に受け取る家賃
	受　取　手　数　料	商品売買を仲介した場合などに受け取る手数料
	受　取　利　息	貸付金や銀行預金などから受け取る利息
費用	仕　　　　　入	商品を買い入れる際に支払った購入金額
	発　　送　　費	商品を発送する際に運送会社などに支払う代金
	給　　　　　料	従業員などに支払う給与
	広　告　宣　伝　費	テレビ・雑誌の広告，新聞の折り込みチラシなどの広告代金
	支　払　手　数　料	他人に商品売買を仲介してもらった場合などに支払う手数料

支　払　利　息	他人から金銭を借りている場合に支払う利息
旅　費　交　通　費	電車・バス・タクシーなどの乗車賃
通　　信　　費	電話やインターネットの料金，切手・はがき代など
消　耗　品　費	帳簿・伝票，文房具などの事務用品の代金
水　道　光　熱　費	水道・電気・ガスの利用料金
支　払　家　賃	他人から店舗や事務所を賃借している場合に支払う賃借料
雑　　　　　費	新聞購読料，お茶代，来客用菓子代など

会社名

会計期間

金額の単位

損　益　計　算　書

瑞穂株式会社　　　×1年4月1日から×2年3月31日　　　（単位：円）

費　　　　用	金　　額	収　　　益	金　　額
売　上　原　価	600,000	売　　上　　高	1,700,000
給　　　　　料	520,000	受　取　手　数　料	150,000
旅　費　交　通　費	80,000	受　取　利　息	100,000
通　　信　　費	70,000		
消　耗　品　費	30,000		
水　道　光　熱　費	50,000		
支　払　家　賃	300,000		
当　期　純　利　益	300,000		
	1,950,000		1,950,000

＊仕入は「売上原価」，売上は「売上高」として表示する。費用に属する項目の下に当
期純利益を赤字で記入する。（当期純利益の場合）

2 ■損益計算書における当期純損益の計算と表示方法

　前章において貸借対照表における財産法による当期純損益の計算方法を説明した。この当期純損益は，収益の総額から費用の総額を差し引くことによって損益計算書でも計算することができる。この計算方法を損益法とよんでいる。

収益の総額　－　費用の総額　＝　当期純利益（マイナスの場合には当期純損失）

　損益計算書では，株式会社および個人企業のいずれにおいても当期純利益は左側の費用に属する項目の下に赤字で記入する。これは複式簿記の基本原理である**貸借平均の原理**（第6章で説明）にもとづいて，左側の費用に属する項目の合計金額と右側の収益に属する項目の合計金額を一致させるために，当期純利益を左側に表示することに起因している。本来，当期純利益は資本（純資産）に属する項目であり右側に表示されるべきものである。このため損益計算書では，左側に当期純利益の金額がないことを

示すために「当期純利益」の文字を赤字で記入する。なお，貸借対照表で計算された当期純利益の金額と，損益計算書で計算された当期純利益の金額は必ず一致する。一方，当期純損失の場合には右側の収益に属する項目の下に「当期純損失」の文字を赤字で記入する。当期純損失は当期純利益の場合とは左右反対に表示される。なお，当期純利益と同様に貸借対照表で計算された当期純損失の金額と，損益計算書で計算された当期純損失の金額も必ず一致する。

【株式会社における当期純損益の関係】

① 当期純利益の場合

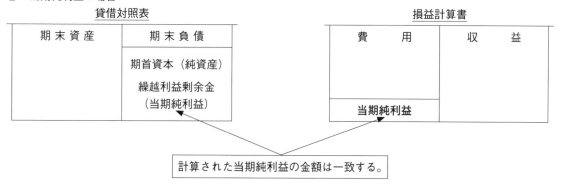

② 当期純損失の場合

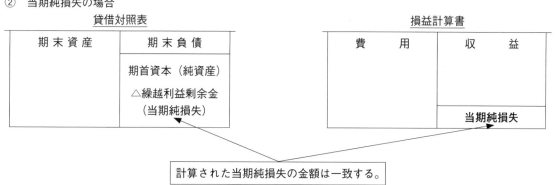

＜基本問題＞ 次の(ア)～(シ)の各金額を計算しなさい。なお，当期純損益が純損失の場合には金額の前に△をつけること。

(単位：円)

	期首貸借対照表			期末貸借対照表			損益計算書		当　期純損益
	資　産	負　債	資　本(純資産)	資　産	負　債	資　本(純資産)	収　益	費　用	
(1)	88,000	38,000	(ア)	90,000	37,000	(イ)	(ウ)	117,000	(エ)
(2)	70,000	(オ)	40,000	(カ)	34,000	(キ)	150,000	144,000	(ク)
(3)	(ケ)	30,000	45,000	82,000	(コ)	40,000	100,000	(サ)	(シ)

(1)	(ア)		(イ)		(ウ)		(エ)	
(2)	(オ)		(カ)		(キ)		(ク)	
(3)	(ケ)		(コ)		(サ)		(シ)	

＜演習問題＞ 次の瑞穂株式会社の資料にもとづいて，（　　）に適切な語句または金額を記入して損益計算書を完成しなさい。会計期間は×2年4月1日から×3年3月31日までである。

受 取 利 息	150,000	給 　料	780,000	旅 費 交 通 費	150,000
支 払 家 賃	420,000	売 　上	2,500,000	水 道 光 熱 費	90,000
通 　信 　費	140,000	仕 　入	840,000	受 取 手 数 料	220,000

損 益 計 算 書

（　　　　　）株式会社　×　年　月　日から×　年　月　日まで　　　（単位：円）

費　　用	金　　額	収　　益	金　　額
（　　　　　　　）	（　　　　　）	売　　上　　高	（　　　　　）
給　　　　　料	（　　　　　）	（　　　　　）	（　　　　　）
旅　費　交　通　費	（　　　　　）	（　　　　　）	150,000
（　　　　　　　）	140,000		
水　道　光　熱　費	（　　　　　）		
（　　　　　　　）	（　　　　　）		
（　　　　　　　）	（　　　　　）		
	（　　　　　）		（　　　　　）

第5章

簿記一巡の手続，取引と勘定

1 ■簿記一巡の手続

　複式簿記の基本的なシステム（簿記一巡の手続）は，⑴日常の取引の記帳と⑵決算の手続の２つから成り立っている。⑴日常の取引の記帳は，⒜日常で発生する簿記上の取引を仕訳帳とよばれる主要簿に仕訳を行い，さらに⒝仕訳帳に記入された仕訳を総勘定元帳とよばれるもう１つの主要簿に転記するという２つの過程に分けられる。また⑵決算の手続は，⒜決算予備手続，⒝決算本手続，⒞決算報告手続（財務諸表の作成）という３つの過程に分けられる。⒜決算予備手続は，①日常の取引について仕訳帳を締め切る，②試算表を作成する，③棚卸表の作成と決算整理を行う，④精算表を作成するという４つの手続から構成される。⒝決算本手続は，①総勘定元帳を締め切る，②繰越試算表を作成する，③仕訳帳（決算整理）とその他の帳簿を締め切るという３つの手続から構成される。なお，④精算表を作成する手続を⒜決算予備手続ではなく⒝決算本手続とする見解もある。⒞決算報告手続（財務諸表の作成）は，①貸借対照表を作成する，②損益計算書を作成するという２つの手続から構成されている。財務諸表を作成することによって，複式簿記の主目的である，企業の⑴一定時点の財政状態を明らかにすること，および⑵一定期間の経営成績を明らかにすることが可能となる。

　簿記の基本的なシステム（簿記一巡の手続）を図示すると次のとおりである。

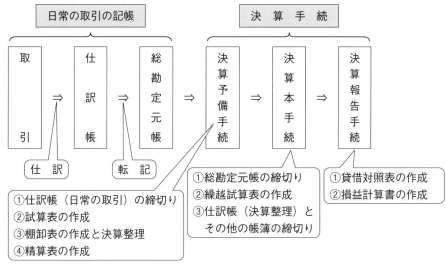

2 ■簿記上の取引の意義

　一般的な「取引」の概念と複式簿記における「取引」の概念には違いがある。例えば，オフィスを借りる契約を結んだときには一般的には取引として認識される。また同様に，得意先から電話やインターネットを利用して商品購入の注文を受けたときも一般的には取引として認識される。しかしこれらの取引は，簿記上では「取引」には該当しない。**簿記上の取引**とは，企業の資産・負債・資本（純資産）に増加・減少の変化を，収益・費用に発生・消滅の変化をもたらす経済的事象のことをいう。また上記のような契約や注文などの一般的な取引が簿記上の取引には該当しない一方で，火災による建物の焼失や盗難による金銭・物品の紛失などは一般的には取引とは認識されないが，いずれも資産の減少という変化をもたらす事象であるため，簿記上では「取引」に該当することになる。

(1)　勘定科目

　資産・負債・資本（純資産）・収益・費用に属する項目をさらに細かく区分し，記録・計算する単位を勘定とよび，その勘定につける「現金」や「繰越商品」といった具体的な名称を勘定科目という。

貸借対照表の主な勘定科目

　資産の勘定：現金，普通預金，当座預金，繰越商品，建物，備品，車両運搬具，売掛金，貸付金など
　負債の勘定：買掛金，借入金など
　資本（純資産）の勘定：資本金，繰越利益剰余金など

損益計算書の主な勘定科目

　収益の勘定：売上，受取家賃，受取手数料，受取利息など
　費用の勘定：仕入，発送費，給料，広告宣伝費，支払手数料，支払利息，旅費交通費，通信費，消耗品費，水道光熱費，支払家賃，雑費など

(2)　勘定口座

　それぞれの勘定科目については，勘定口座とよばれる「場」で記録・計算が行われる。勘定口座が開設されている会計帳簿を「総勘定元帳」（一般的に「元帳」と略される）という。簿記の学習では，勘定口座もTフォームを利用して表示することが多く，複式簿記ではTフォームで表された勘定口座の左側の部分を借方，右側の部分を貸方とよんでいる。またTフォームで表された勘定口座の上部に「現金」という勘定科目を記入したものを「現金勘定口座」といい，一般的には，「口座」を省略して，単に「現金勘定」とよんでいる。

現　　　金	
借　　　方	貸　　　方

　また，各勘定口座は，次のような法則によって記入が行われる。
　①　資産に属する勘定は増加（＋）を借方に記入し，減少（－）を貸方に記入する。

② 負債に属する勘定は増加（＋）を貸方に記入し，減少（－）を借方に記入する。

③ 資本（純資産）に属する勘定は増加（＋）を貸方に記入し，減少（－）を借方に記入する。

④ 収益に属する勘定は発生（＋）を貸方に記入し，消滅（－）を借方に記入する。

⑤ 費用に属する勘定は発生（＋）を借方に記入し，消滅（－）を貸方に記入する。

【貸借対照表】
資産に属する勘定

増加（＋）	減少（－）

負債に属する勘定

減少（－）	増加（＋）

資本（純資産）に属する勘定

減少（－）	増加（＋）

【損益計算書】
収益に属する勘定

消滅（－）	発生（＋）

費用に属する勘定

発生（＋）	消滅（－）

3 ■取引要素の結合関係

取引を構成する要素を取引要素という。簿記上の取引は「資産の増加」・「資産の減少」・「負債の増加」・「負債の減少」・「資本（純資産）の増加」・「資本（純資産）の減少」・「収益の発生」・「費用の発生」という8つの取引要素の組み合わせで構成されている。これら8つの取引要素の結合関係は，下図のように整理することができる。なお，点線で結びついた取引はほとんど発生しない。

＜取引の8要素の結合関係＞

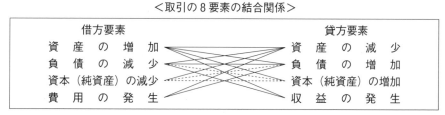

例えば，「4月2日　営業用パソコン1台￥100,000を購入し，代金は現金で支払った。」という取引の場合には，次のように「借方要素」と「貸方要素」に分解することができる。

取引日	借方要素	貸方要素
4/ 2	備品（資産）の増加	現金（資産）の減少

そして，帳簿には資産である備品（営業用パソコン）が増加したことだけではなく，同時に資産である現金が減少したことも記録されることになる。このように**複式簿記**とは，簿記上の取引を「借方要素」と「貸方要素」に分解して，帳簿に借方と貸方という2つの側面から**記録・計算・整理**していく技術・技法のことをいう。

＜基本問題＞ 次の事象のうち，簿記上の取引になるものには○，簿記上の取引とならないものには×を（　　）の中に記入しなさい。

(1) 仕入先より商品￥20,000を仕入れ，代金は月末に支払うこととした。　　　　　　（　　）

(2) 得意先より商品￥100,000のWeb注文を受けた。　　　　　　　　　　　　　　　（　　）

(3) 当社が所有する倉庫￥1,000,000が火災によって焼失した。　　　　　　　　　　（　　）

(4) 取引銀行に現金￥200,000の借入れを申し込んだ。　　　　　　　　　　　　　　（　　）

(5) 不要となった備品￥50,000を売却し，代金は現金で受け取った。　　　　　　　　（　　）

(6) 1カ月当たり￥40,000の賃借料で駐車場を借りる契約を行った。　　　　　　　　（　　）

(7) 借入金￥200,000の利息￥1,200を現金で支払った。　　　　　　　　　　　　　（　　）

(8) 事務所に保管してあった現金￥5,000が盗難にあった。　　　　　　　　　　　　（　　）

＜演習問題＞ 次の瑞穂株式会社の4月中の取引について取引要素の結合関係を示しなさい。

4月1日　瑞穂株式会社の設立にあたり，株式40株を1株の払込金額￥50,000で発行し，全株式の払込みを受け，株主から払込金額が取引銀行の普通預金口座に入金された。

　　2日　普通預金口座から現金￥1,000,000を引き出した。

　　3日　現金￥500,000を当座預金口座に預け入れた。

　　4日　事務用品販売会社から事務用デスク1台￥100,000を購入し，代金は現金で支払った。

　　7日　仕入先から商品￥200,000を仕入れ，代金のうち￥100,000は現金で支払い残額は掛けとした。

　　10日　取引銀行より現金￥150,000を借り入れた。

　　20日　得意先へ商品￥360,000を売り上げ，代金のうち￥60,000は現金で受け取り残額は掛けとした。

　　25日　従業員に給料￥50,000を現金で支払った。

　　30日　仕入先に対する買掛金￥50,000を現金で支払った。

	借 方 要 素	貸 方 要 素
4月1日	（　　　　　）の	（　　　　　）の
2日	（　　　　　）の	（　　　　　）の
3日	（　　　　　）の	（　　　　　）の
4日	（　　　　　）の	（　　　　　）の
7日	（　　　　　）の	（　　　　　）の （　　　　　）の
10日	（　　　　　）の	（　　　　　）の
20日	（　　　　　）の （　　　　　）の	（　　　　　）の
25日	（　　　　　）の	（　　　　　）の
30日	（　　　　　）の	（　　　　　）の

第6章

仕訳と転記，主要簿への記入

1■仕 訳

簿記上の取引を借方要素と貸方要素に分解して，さらに**取引日，勘定科目，金額**の3要素を抜き書きすることを**仕訳**という。仕訳では取引の金額には貨幣単位を示す「￥（円)」マークは付けない。なお，仕訳の借方（合計）金額と貸方（合計）金額は必ず一致する。これを**貸借平均の原理**という。貸借平均の原理は仕訳に限らず，財務諸表の作成に至るまでのすべての過程において適用される複式簿記の基本原理である。

第5章＜演習問題＞の4月の取引を仕訳の形式で示すと次のようになる。

4/ 1	（借）	普 通 預 金	2,000,000	（貸）	資 本 金	2,000,000
4/ 2	（借）	現 金	1,000,000	（貸）	普 通 預 金	1,000,000
4/ 3	（借）	当 座 預 金	500,000	（貸）	現 金	500,000
4/ 4	（借）	備 品	100,000	（貸）	現 金	100,000
4/ 7	（借）	仕 入	200,000	（貸）	現 金	100,000
					買 掛 金	100,000
4/10	（借）	現 金	150,000	（貸）	借 入 金	150,000
4/20	（借）	現 金	60,000	（貸）	売 上	360,000
		売 掛 金	300,000
4/25	（借）	給 料	50,000	（貸）	現 金	50,000
4/30	（借）	買 掛 金	50,000	（貸）	現 金	50,000

2■転 記

日々の営業活動では，取引を仕訳帳に仕訳を行った後，仕訳を基に借方および貸方の記録内容を総勘定元帳に開設された各勘定口座へ書き移す作業が行われる。これを**転記（または勘定記入）**という。転記する内容は，**日付・相手勘定科目・金額**の3つである。転記する際には，仕訳の借方の日付と金額は該当する勘定口座の借方に記入し，貸方の日付と金額は該当する勘定口座の貸方に記入する。また転記では相手勘定科目も記入する。なお，1つの仕訳において相手勘定科目が2つ以上存在する場合には，各々の相手勘定科目を記入する代わりに「**諸口**」と記入する。

第5章＜演習問題＞の仕訳をTフォームの各勘定口座に転記すると次のようになる。

	現　　　金	【資産】
4/ 2 普通預金 1,000,000	4/ 3 当座預金	500,000
10 借　入　金 150,000	4 備　　品	100,000
20 売　　上 60,000	7 仕　　入	100,000
	25 給　　料	50,000
	30 買　掛　金	50,000

	普 通 預 金	【資産】
4/ 1 資本金 2,000,000	4/ 2 現　　金	1,000,000

	当 座 預 金	【資産】
4/ 3 現　金 500,000		

	売 掛 金	【資産】
4/20 売　上 300,000		

	備　　品	【資産】
4/ 4 現　金 100,000		

	借 入 金	【負債】
	4/10 現　金	150,000

	買 掛 金	【負債】
4/30 現　金 50,000	4/7 仕　入	100,000

	資 本 金	【資本（純資産）】
	4/ 1 普通預金	2,000,000

	売　　上	【収益】
	4/20 諸　口	360,000

	仕　　入	【費用】
4/ 7 諸　口 200,000		

	給　　料	【費用】
4/25 現　金 50,000		

3 ■仕訳帳と総勘定元帳

A：仕訳帳

　日々発生する取引の仕訳を記入する帳簿を仕訳帳という。仕訳帳には，すべての取引がその発生順（日付順）に記録され，企業の営業活動を記録する主要な帳簿（主要簿）の１つである。

B：総勘定元帳

　取引を記録するためのすべての勘定口座が設けられている帳簿を総勘定元帳（元帳）という。簿記の学習では，勘定口座を簡略化してＴフォームで表したものをＴ字勘定とよんでいる。複式簿記では，総勘定元帳に設けられている各勘定口座に正しく記録されることが最も重要であり，この勘定口座の記録にもとづいて貸借対照表や損益計算書などの財務諸表が作成されることになる。

　第５章＜演習問題＞の４月の取引に関する仕訳帳と総勘定元帳への記入例（一部）は次のようになる。

×1年		摘　　　要	元丁	借　　方	貸　　方
4	1	（普　通　預　金）	4	2,000,000	
		（資　本　金）	49		2,000,000
		株式40株の払込金額の普通預金口座への入金			
	2	（現　　　　金）	1	1,000,000	
		（普　通　預　金）	4		1,000,000
		普通預金口座から現金の引出し			
	3	（当　座　預　金）	5	500,000	
		（現　　　　金）	1		500,000
		当座預金口座への現金の預入れ			
	4	（備　　　　品）	27	100,000	
		（現　　　　金）	1		100,000
		事務用デスク1台（品番ZZ）の購入			
	7	（仕　　　　入）　　　　諸　口	61	200,000	
		（現　　　　金）	1		100,000
		（買　掛　金）	31		100,000
		仕入先○○商店からA商品500個を現金・掛けで仕入れ			

①日付欄　　　　　　②摘要欄　　　　　　③元丁欄　　　　　④金額欄

①日付欄：取引の発生した月日を記入する。「月」は最初の行に記入し，改ページするか，月が変わるまで省略することができる。

②摘要欄：摘要欄の左側に借方勘定科目，右側に貸方勘定科目を（　）付きで記入する。ただし，借方勘定科目と貸方勘定科目のどちらかが2つ以上ある場合には「諸口」と記入し，次の行に勘定科目を1行ずつ記入する。仕訳を記入したら，次の行に小書き（取引の要旨）を記入する。また仕訳を区分するために仕訳と仕訳の間には仕切線を引く。

③元丁欄：仕訳帳から仕訳を転記した勘定口座の番号を記入する。

④金額欄：それぞれの勘定科目と同じ行に金額を記入する。

総　勘　定　元　帳
現　金　　　　　　　　　　　　1

×1年		摘　　要	仕丁	借　　方	×1年		摘　　要	仕丁	貸　　方
4	2	普　通　預　金	1	1,000,000	4	3	当　座　預　金	1	500,000
	10	借　　入　　金	1	150,000		4	備　　　　　品	1	100,000
	20	売　　　　　上	1	60,000		7	仕　　　　　入	1	100,000
						25	給　　　　料	1	50,000
						30	買　　掛　　金	1	50,000

①日付欄　　②摘要欄　　③仕丁欄　　④金額欄　　①日付欄　　②摘要欄　　③仕丁欄　　④金額欄

①日付欄：仕訳帳の仕訳の取引日を記入する。

②摘要欄：仕訳の相手勘定科目を記入する。ただし相手勘定科目が２つ以上ある場合は，諸口と記入する。

③仕丁欄：転記した仕訳が記録されている仕訳帳のページ数を記入する。

④金額欄：借方の金額欄には仕訳の借方金額を貸方の金額欄には仕訳の貸方金額を記入する。

		買 掛 金							31
×1年		摘　要	仕丁	借　方	×1年		摘　要	仕丁	貸　方
4	30	現　　　　金	1	50,000	4	7	仕　　　　入	1	100,000

		資 本 金							49
×1年		摘　要	仕丁	借　方	×1年		摘　要	仕丁	貸　方
					4	1	普 通 預 金	1	2,000,000

		売 上							52
×1年		摘　要	仕丁	借　方	×1年		摘　要	仕丁	貸　方
					4	20	諸　　　　口	1	360,000

		仕 入							61
×1年		摘　要	仕丁	借　方	×1年		摘　要	仕丁	貸　方
4	7	諸　　　　口	1	200,000					

4 ■主要簿と補助簿

　複式簿記では，仕訳帳と総勘定元帳の２つは最低限必要な帳簿で**主要簿**とよばれている。また特定の取引や勘定の明細を記入するための**補助簿**も利用する。補助簿には，仕訳帳を補足する補助記入帳と総勘定元帳を補足する補助元帳の２つがある。補助記入帳には現金出納帳，当座預金出納帳，小口現金出納帳，仕入帳，売上帳，受取手形記入帳，支払手形記入帳などがある。また補助元帳には得意先元帳（売掛金元帳），仕入先元帳（買掛金元帳），商品有高帳などがある。

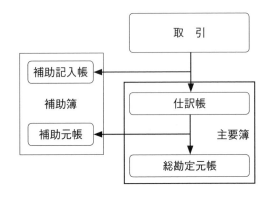

A　主要簿：仕訳帳・総勘定元帳

B　補助簿：

　補助記入帳：現金出納帳，当座預金出納帳，小口現金出納帳，仕入帳，売上帳，受取手形記入帳，支払手形記入帳など

　補助元帳：得意先元帳（売掛金元帳），仕入先元帳（買掛金元帳），商品有高帳など

＜基本問題＞ 次の瑞穂株式会社の 5 月中の取引について仕訳しなさい。

5 月 3 日　仕入先松戸商店から商品￥100,000 を仕入れ，代金は全額掛けとした。

　　 8 日　オフィス用品会社から商品陳列棚￥60,000 を購入し，代金は現金で支払った。

　　10 日　得意先小岩商店へ商品￥280,000 を売り上げ，代金は全額掛けとした。

　　15 日　事務所用の水道・電気・ガスの利用料金￥50,000 を現金で支払った。

　　25 日　従業員に給料￥60,000 を現金で支払った。

　　30 日　得意先小岩商店から売掛金￥70,000 を現金で回収した。

日付	借 方 科 目	金　　　額	貸 方 科 目	金　　　額
5/ 3				
8				
10				
15				
25				
30				

＜演習問題＞ ＜基本問題＞の取引の仕訳を各勘定口座に転記しなさい。なお，転記には日付・相手勘定科目・金額を記入すること。

```
         現    金      【資産】              売 掛 金      【資産】
5/ 1     4,100,000                  5/ 1    300,000


         備    品      【資産】              買 掛 金      【負債】
5/ 1     100,000                            5/ 1    50,000


         売    上      【収益】              仕    入      【費用】


         給    料      【費用】              水道光熱費      【費用】
```

第7章

決算予備手続（試算表の作成）

1 ■ 決算手続き

　すでに学習したとおり，会計期間が終わり決算日を迎えると，決算手続きに入る。決算手続きは，(1)決算予備手続，(2)決算本手続，および(3)決算報告手続に大別される。(1)決算予備手続には，**試算表**の作成と，本テキストの後半で学習する**決算整理**などが含まれる。

　試算表は，総勘定元帳の各勘定の金額を集計した一覧表であり，借方の合計と貸方の合計が必ず一致する。これを**貸借平均の原理**といい，試算表の貸借の合計金額が一致しないときには記帳にミスがあることになる。試算表は，決算本手続きに入る前に，期中の仕訳および転記の正確性を検証するために作成される。

2 ■ 試算表の種類

　試算表は，集計する金額によって，以下の3つに分けられる。
　　合計試算表：各勘定の**借方合計**と**貸方合計**を集計した表
　　残高試算表：各勘定の借方合計と貸方合計の差額である**残高**を集計した表
　　合計残高試算表：各勘定の借方合計と貸方合計と残高の**両方**を集計した表

3 ■ 試算表の作成

　試算表は，転記が行われた総勘定元帳をもとに作成される。以下の総勘定元帳をもとに，次の(1)～(3)の順に試算表の作成方法について説明する。

		現　　金			
4/ 1	資 本 金	2,000,000	4/ 3	備　　品	400,000
10	借 入 金	500,000	7	仕　　入	500,000
20	売　　上	1,000,000	25	給　　料	140,000
30	売 掛 金	300,000	30	買 掛 金	300,000

		売　掛　金			
4/20	売　　上	500,000	4/30	現　　金	300,000

		備　　品	
4/ 3	現　　金	400,000	

		借　入　金	
		4/10	現　　金	500,000

		買　掛　金			
4/30	現　　金	300,000	4/ 7	仕　　入	300,000

	資　本　金	
	4/ 1	現　　金	2,000,000

	売　　上	
	4/20	諸　　口	1,500,000

		仕　　入	
4/ 7	諸　　口	800,000	

		給　　料	
4/25	現　　金	140,000	

(1) 試算表の中央に勘定科目を記入する

総勘定元帳にあるすべての勘定を試算表の中央に記入する。

借　方	勘定科目	貸　方
	現　　金	
	売 掛 金	
	…	
	仕　　入	
	給　料	

試　算　表

(2) 各勘定の金額を集計する

集計する金額には，①合計金額と②残高金額の2つがある。

試算表の種類により集計する金額は異なる。

　合計試算表：①のみ集計する

　残高試算表：②のみ集計する

　合計残高試算表：①と②を集計する

現　　金

①借方合計 3,800,000

資本金	2,000,000	備 品	400,000
借入金	500,000	仕 入	500,000
売 上	1,000,000	給 料	140,000
売掛金	300,000	買掛金	300,000

①貸方合計 1,340,000

②借方残高 2,460,000

(3) 借方と貸方の合計額を計算する

すべての勘定の金額を集計したら，試算表の借方と貸方の合計額を計算する。

これら2つの金額は必ず一致していることを確認する。

前ページの総勘定元帳をもとに，各試算表を作成すると以下のとおりになる。

合計試算表

借　方	勘定科目	貸　方
3,800,000	現　　　金	1,340,000
500,000	売 掛 金	300,000
400,000	備　　　品	
	借 入 金	500,000
300,000	買 掛 金	300,000
	資 本 金	2,000,000
	売　　　上	1,500,000
800,000	仕　　　入	
140,000	給　　　料	
5,940,000		5,940,000

残高試算表

借　方	勘定科目	貸　方
2,460,000	現　　　金	
200,000	売 掛 金	
400,000	備　　　品	
	借 入 金	500,000
	買 掛 金	
	資 本 金	2,000,000
	売　　　上	1,500,000
800,000	仕　　　入	
140,000	給　　　料	
4,000,000		4,000,000

合計残高試算表

借　方 残　高	借　方 合　計	勘定科目	貸　方 合　計	貸　方 残　高
2,460,000	3,800,000	現　　　　金	1,340,000	
200,000	500,000	売 掛 金	300,000	
400,000	400,000	備　　　　品		
		借 入 金	500,000	500,000
	300,000	買 掛 金	300,000	
		資 本 金	2,000,000	2,000,000
		売　　　　上	1,500,000	1,500,000
800,000	800,000	仕　　　　入		
140,000	140,000	給　　　　料		
4,000,000	5,940,000		5,940,000	4,000,000

＜基本問題＞ 次の総勘定元帳をもとに，合計試算表を作成しなさい。

	現　　金			
資 本 金	3,000,000	備　　　品	1,200,000
普 通 預 金	250,000	仕　　　入	800,000
		支 払 利 息	5,000

	普 通 預 金			
借 入 金	1,000,000	現　　　金	250,000
売　　上	500,000	給　　　料	300,000

	備　　品	
現　　　金	1,200,000	

	借 入 金	
		普 通 預 金	1,000,000

	買 掛 金	
		仕　　　入	700,000

	資 本 金	
		現　　　金	3,000,000

	売　　上	
		普 通 預 金	500,000

	仕　　入	
現　　　金	800,000	
買 掛 金	700,000	

	給　　料	
普 通 預 金	300,000	

	支 払 利 息	
現　　　金	5,000	

合 計 試 算 表

借　　方	勘 定 科 目	貸　　方
	現　　　　　　　金	
	普 通 預 金	
	備　　　　　　　品	
	借　　　入　　　金	
	買　　　掛　　　金	
	資　　　本　　　金	
	売　　　　　　　上	
	仕　　　　　　　入	
	給　　　　　　　料	
	支　　払　　利　　息	

＜演習問題＞ ＜基本問題＞の総勘定元帳をもとに，残高試算表・合計残高試算表を作成しなさい。

残 高 試 算 表

借　　方	勘 定 科 目	貸　　方
	現　　　　　　　　金	
	普　通　預　金	
	備　　　　　　　品	
	借　　入　　金	
	買　　掛　　金	
	資　　本　　金	
	売　　　　　　　上	
	仕　　　　　　　入	
	給　　　　　　　料	
	支　払　利　息	

合 計 残 高 試 算 表

借　　方		勘 定 科 目	貸　　方	
残　高	合　計		合　計	残　高
		現　　　　　　　金		
		普　通　預　金		
		備　　　　　　　品		
		借　　入　　金		
		買　　掛　　金		
		資　　本　　金		
		売　　　　　　　上		
		仕　　　　　　　入		
		給　　　　　　　料		
		支　払　利　息		

第8章

決算本手続（帳簿の締切り）

1 ■ 決算本手続

　決算予備手続において，試算表の作成や決算整理などが完了すると，決算本手続に入る。決算本手続では，当期の残高を確定するために，**帳簿の締切り**を行う。具体的には，(1)収益・費用の勘定と(2)資産・負債・資本の勘定に分けて帳簿を締め切る。

2 ■ 収益・費用の勘定の締切り

　収益・費用の勘定の締切りの目的は，それぞれの当期の残高を確定させるとともに，それらの差額である**当期純利益を算定**することにある。

　そのため，総勘定元帳にあるすべての収益・費用の各勘定を，①1つの勘定（**損益勘定**）に移し，②損益勘定の残高を算定することで当期純利益を明らかにする。そして，算定された当期純利益を，③会社の新たな資本として**繰越利益剰余金**勘定に移す。ここで①や③のように，ある勘定を別の勘定に移すための仕訳を，**振替仕訳**とよぶ。特に決算本手続で行われる場合には，**決算振替仕訳**とよばれる。

　決算において売上が貸方残高¥2,000,000，仕入が借方残高¥800,000，給料が借方残高¥140,000であるとき，①～③は以下のとおりとなる。

① 損益勘定への振替え

　各収益勘定の残高を損益勘定の貸方に，各費用勘定の残高を損益勘定の借方に振り替える仕訳を行う。これにより，すべての収益と費用の残高はゼロとなり，損益勘定に移る。

収益の振替え：(借)	売	上	2,000,000	(貸)	損	益	2,000,000
費用の振替え：(借)	損	益	940,000	(貸)	仕	入	800,000
					給	料	140,000

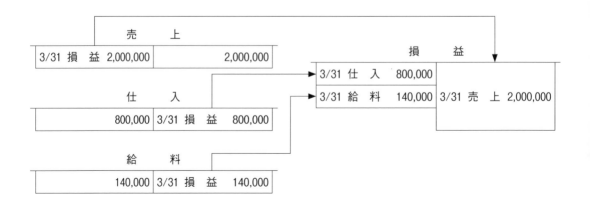

② 当期純利益の算定

損益勘定の残高（つまり，すべての収益と費用の差額）が，当期純利益（または当期純損失）となる。

損　　　益

3/31 仕　入	800,000	
3/31 給　料	140,000	3/31 売　上　2,000,000
当期純利益	1,060,000	

③ 繰越利益剰余金勘定への振替え

当期に稼いだ利益は会社の新たな元手となるため，損益勘定で算定された当期純利益を会社の儲けを表す繰越利益剰余金勘定に振り替える仕訳を行う。

（借）　損　　　　　益　　1,060,000　　　（貸）　繰越利益剰余金　　1,060,000

3 ■資産・負債・資本の勘定の締切り

資産・負債・資本の勘定の締切りの目的は，それぞれの当期の残高を確定させるとともに，それらの残高を次期に繰り越すことにある。

そのため，総勘定元帳にあるすべての資産・負債・資本の各勘定に，①残高の金額を**次期繰越**として記入し，②貸借の合計金額を記入し，二重線で区切る。また，決算が終わった翌期には，③前期から繰り越された残高を**前期繰越**として記入する。

例えば，以下の現金勘定について締切りを行うと次のとおりになる。

≪締切り前≫　　　　　　　　　　　　　　　　**≪締切り後≫**
現　　　金　　　　　　　　　　　　　　　　　　**現　　　金**

≪締切り前≫　現金

4/1 資 本 金	2,000,000	4/15 備　品	400,000
7/1 借 入 金	500,000	5/30 仕　入	500,000
7/15 売　上	1,000,000	6/25 給　料	140,000
8/30 売 掛 金	300,000	8/10 買 掛 金	300,000

≪締切り後≫　現金

4/1 資 本 金	2,000,000	4/15 備　品	400,000
7/1 借 入 金	500,000	5/30 仕　入	500,000
7/15 売　上	1,000,000	6/25 給　料	140,000
8/30 売 掛 金	300,000	8/10 買 掛 金	300,000
		3/31 次 期 繰 越	2,460,000
	3,800,000		3,800,000
4/1 前期繰越	2,460,000		

なお，収益・費用の各勘定についても，資産・負債・資本の各勘定と同様に①・②により勘定の締切りが行われるが，決算振替仕訳を行うため③前期繰越の記入は行われない。また，決算振替仕訳によって，繰越利益剰余金勘定の残高が変動することにも注意をすること。

＜基本問題＞ 決算時の残高が次のとおりであるとき，決算振替仕訳を示しなさい。

売　　上		仕　　入	
	2,600,000	1,500,000	

給　　料	
400,000	

決算振替仕訳	借 方 科 目	金　　額	貸 方 科 目	金　　額
収益の振替				
費用の振替				
当期純利益の振替				

＜演習問題＞ 決算振替前の残高が次のとおりであるとき，各勘定の締切りを行いなさい。なお，当期純利益は¥200,000であり，会計期間は4月1日から3月31日までの1年間である。なお，翌期に行われる前期繰越も記入すること。

現　　金		普 通 預 金	
2,200,000		200,000	

備　　品		借　入　金	
1,200,000			1,000,00

資　本　金		繰越利益剰余金	
	2,000,000		400,000

第9章

現金預金

1■現金の範囲

　通常，現金とは紙幣や硬貨をいうが，簿記ではこれに加え，すぐに換金できるもの（通貨代用証券）も現金として扱う。この通貨代用証券には，他人振出しの小切手，普通為替証書，送金小切手，支払期日の到来した公社債利札，配当金領収証などがある。

2■現金の処理

　現金は次のように処理する。
① 　現金を受け取ったとき
　　例）小岩商店へ商品￥10,000を売り上げ，代金は現金で受け取った。
　　　（借）現　　　　　金　　10,000　　（貸）売　　　　　上　　10,000
② 　現金を支払ったとき
　　例）船橋商店から商品￥7,000を仕入れ，代金は現金で支払った。
　　　（借）仕　　　　　入　　7,000　　（貸）現　　　　　金　　7,000
③ 　通貨代用証券を受け取ったとき
　　例）小岩商店へ商品￥10,000を売り上げ，代金は普通為替証書で受け取った。
　　　（借）現　　　　　金　　10,000　　（貸）売　　　　　上　　10,000
　　例）小岩商店へ商品￥10,000を売り上げ，代金は同店振出しの小切手で受け取った。
　　　（借）現　　　　　金　　10,000　　（貸）売　　　　　上　　10,000

3■現金出納帳

現金取引の収支明細を記録する補助簿を現金出納帳という。現金出納帳は次のように記入する。
① 　前月繰越額を収入欄および残高欄に記入
② 　摘要欄：取引内容を簡潔に記入
③ 　収入欄および支出欄：現金の増加は収入欄，現金の減少は支出欄に記入
④ 　残高欄：残高を記入
⑤ 　次月繰越額を支出欄に記入し，収入欄および支出欄の合計を記入

現 金 出 納 帳

（単位：円）

×1年		摘　　　要	収　　入	支　　出	残　　高
1	1	前月繰越	5,000		5,000
	10	船橋商店へ買掛金支払い		3,000	2,000
	20	小岩商店から売掛金回収	10,000		12,000
	31	次月繰越		12,000	
			15,000	15,000	
2	1	前月繰越	12,000		12,000

4 ■現金過不足

　期中において，現金の実際有高（手許有高）と帳簿残高が一致しない場合には，その差額を現金過不足勘定で処理する。そして，現金過不足の原因が判明したときは適切な勘定に振り替える。なお，決算において，現金過不足がある場合には，雑益または雑損とする。

(1)　現金が帳簿残高より少ない場合（現金勘定の残高＞現金の実際有高）

①　不一致のとき

　　例）現金の実際有高と帳簿残高を照合したところ，実際有高¥4,500，帳簿残高¥5,000であった。

　　（借）現 金 過 不 足　　500　　（貸）現　　　　　金　　500

②　不一致の原因が判明したとき

　　例）現金過不足勘定で処理してあった現金不足額¥500を調査したところ，そのうち¥300は支払った手数料の記入漏れであることが判明した。

　　（借）支 払 手 数 料　　300　　（貸）現 金 過 不 足　　300

③　決算日においても不明なとき

　　例）決算において現金過不足勘定で処理してあった現金不足額¥200の原因は判明しなかった。

　　（借）雑　　　　　損　　200　　（貸）現 金 過 不 足　　200

(2)　現金が帳簿残高より多い場合（現金勘定の残高＜現金の実際有高）

①　不一致のとき

　　例）現金の実際有高と帳簿残高を照合したところ，実際有高¥6,000，帳簿残高¥5,000であった。

　　（借）現　　　　　金　1,000　　（貸）現 金 過 不 足　1,000

②　不一致の原因が判明したとき

　　例）現金過不足勘定で処理してあった現金過剰額¥1,000を調査したところ，そのうち¥600は受け取った手数料の記入漏れであることが判明した。

　　（借）現 金 過 不 足　　600　　（貸）受 取 手 数 料　　600

③ 決算日においても不明なとき

例）決算において現金過不足勘定で処理してあった現金過剰額¥400の原因は判明しなかった。

（借）現　金　過　不　足　　　400　　（貸）雑　　　　　　益　　　400

5 ■銀行預金等

銀行預金等には，当座預金，普通預金，定期預金などがある。以下ではこれらの処理を学習する。

6 ■当座預金

当座預金とは，銀行口座の1つの種類であり，口座開設には当座取引契約が必要となる。また，引出しには通常，小切手や手形を使用する。

① 当座預金へ預け入れたとき

例）小岩商店へ商品¥11,000を売り上げ，代金は同店振出しの小切手で受け取り，ただちに当座預金に預け入れた。

（借）当　座　預　金　　11,000　　（貸）売　　　　　　上　　11,000

② 当座預金から引き出したとき（小切手を振り出したとき）

例）船橋商店から商品¥9,000を仕入れ，代金は小切手を振り出して支払った。

（借）仕　　　　　　入　　　9,000　　（貸）当　座　預　金　　　9,000

③ 以前に当社が振り出した小切手を受け取ったとき（自己振出小切手を受け取ったとき）

例）押上商店に商品¥9,000を売り上げ，代金は以前当社が振り出した小切手で受け取った。

（借）当　座　預　金※　　9,000　　（貸）売　　　　　　上　　　9,000

※自己振出小切手を受け取った場合は，当座預金から引き出されないため当座預金勘定の減少を取り消すことになる。そのため現金の増加ではなく当座預金の増加として処理する。

7 ■当座借越

小切手を振り出したにもかかわらず当座預金残高が不足している場合には，支払いができずに信用にかかわることになる。そこで，銀行と当座借越契約を結ぶことで当座預金残高を超えて小切手を振り出した場合でも当座借越限度額までは銀行が立て替えてくれる。この場合に，当座預金残高を超えた引出し分が**当座借越**であり，銀行から一時的に借り入れていることになる。

期中において，当座預金残高を超えて引き出した場合も，当座預金（資産）の減少で処理する。そして，決算日において当座預金が貸方残高の場合は当座借越が生じているため，貸方の当座預金残高を**当座借越（負債）**または**借入金（負債）**に振り替える。そして，翌期首に前期末に行った仕訳と逆仕訳を行い，当座借越勘定を当座預金勘定に振り戻す。これを**再振替仕訳**という。

① 当座預金残高を超えて小切手を振り出したとき

例）船橋商店から商品¥30,000を仕入れ，代金は小切手を振り出して支払った。なお，当座預金残高は¥20,000であり，取引銀行と借越限度額¥100,000の当座借越契約を結んでいる。

（借）仕　　　　　　入　　30,000　　（貸）当　座　預　金　　30,000

(小切手振出前)

当 座 預 金		（資産）
残　高　¥20,000		

(小切手振出後)

当 座 預 金		（資産）
残　高　¥20,000		¥30,000減少
貸方残高　¥10,000		

② 決算において当座預金が貸方残高の場合

例）決算にあたり，当座預金の貸方残高¥10,000（すべて当座借越）を当座借越勘定に振り替えた。

（借）当 座 預 金　　10,000　　（貸）当 座 借 越　　10,000

③ 翌期首の処理

例）期首において，当座借越残高¥10,000について再振替仕訳を行った。

（借）当 座 借 越　　10,000　　（貸）当 座 預 金　　10,000

8 ■当座預金出納帳

当座預金取引の収支明細を記録する補助簿を当座預金出納帳という。当座預金出納帳は次のように記入する。

① 前月繰越額を収入欄および残高欄に記入

② 摘要欄：取引内容を簡潔に記入

③ 収入欄および支出欄：当座預金の増加は収入欄，当座預金の減少は支出欄に記入

④ 借または貸欄：当座預金残高が借方残高の場合には「借」，貸方残高の場合には「貸」と記入。同じ場合には「〃」を記入

⑤ 残高欄：残高を記入

⑥ 次月繰越額を支出欄に記入し，収入欄および支出欄の合計を記入

当 座 預 金 出 納 帳

×1年		摘　　要	収　　入	支　　出	借または貸	残　　高
1	1	前月繰越	100,000		借	100,000
	10	押上商店から掛代金入金	350,000		〃	450,000
	20	松戸商店へ掛代金支払い		300,000	〃	150,000
	31	次月繰越		150,000		
			450,000	450,000		
2	1	前月繰越	150,000		借	150,000

9 ■その他の預金

その他の預金はそれぞれの勘定口座で処理される。なお，諸預金勘定で処理される場合もある。

例）定期預金¥70,000が本日満期となり，元本とその利息¥35はともに普通預金に預け入れた。

（借）普 通 預 金　　70,035　　（貸）定 期 預 金　　70,000

　　　　　　　　　　　　　　　　　　受 取 利 息　　　　35

10■小口現金

旅費交通費や消耗品費，通信費などの日常の少額の支払いのために，手許に一定額の現金を置く。これを**小口現金**という。小口現金の管理方法としては，**定額資金前渡制（インプレスト・システム）**という方法がとられることが多い。これは，一定期間に必要な支払見込額を決め，その見込額の小切手を一定の時期（月初めや週初め）に小口現金係に前渡し，小口現金係はその中から少額の支払いをする。そして，小口現金係は定期的に（月末や週末）に支払額を会計係に報告し，会計係は支払額分の小切手を小口現金係に渡す。この方法により，一定期間の初めには常に小口現金が一定額に保たれる。このときの処理は次のようになる。

① 補給時：
例）6月1日　インプレスト・システムを採用する当社は，小口現金係に小口現金¥2,000を小切手を振り出して渡した。

（借）小 口 現 金　2,000　　（貸）当 座 預 金　2,000

② 支払報告時に補給したとき：
例）6月10日　小口現金係から通信費：¥500，交通費：¥800を支払った旨の報告を受けた。

（借）通 信 費　500　　（貸）小 口 現 金　1,300
　　　旅 費 交 通 費　800

③ 補給時：
例）7月1日　小口現金係から②の報告を受け，支払額と同額の小切手を振り出し補給した。

（借）小 口 現 金　1,300　　（貸）当 座 預 金　1,300
※②の報告と③の補給を同時に行う場合もある。

11■小口現金出納帳

小口現金の補給や支払い明細を記録する帳簿を小口現金出納帳という。小口現金出納帳は次のような帳簿である。

小 口 現 金 出 納 帳

受　入	×1年		摘　　要	支　払	内　　訳		
					通信費	旅費交通費	消耗品費
2,000	6	1	小 口 現 金 受 入				
		10	通 信 費	500	500		
		〃	旅 費 交 通 費	800		800	
			合 計	1,300	500	800	
	6	30	次月繰越	700			
2,000				2,000			
700	7	1	前月繰越				
1,300		〃	本日補給				

<基本問題> 次の取引を仕訳しなさい。

(1) 船橋商店から商品￥10,000を仕入れ，代金は同店振出の小切手で支払った。

(2) 小岩商店へ商品￥15,000を売り上げ，代金は普通為替証書で受け取った。

(3) 現金の実際有高と帳簿残高を照合したところ，実際有高￥7,000　帳簿残高￥5,000であった。

(4) 現金過不足勘定で処理してあった現金過剰額￥2,000を調査したところ，そのうち￥1,300は受け取った手数料の記入漏れであることが判明した。

(5) 決算において現金過不足勘定で処理してあった現金過剰額￥700の原因は判明しなかった。

(6) 船橋商店から商品￥30,000を仕入れ，代金は小切手を振り出して支払った。なお，当座預金残高は￥80,000である。

(7) 決算において，当座預金残高を確認したところ，貸方残高￥5,000（すべて当座借越）であったため，当座借越勘定に振り替える。

(8) 定期預金￥80,000が本日満期となり，元本とその利息￥40はともに普通預金に預け入れた。

	借　　方	金　　額	貸　　方	金　　額
(1)				
(2)				
(3)				
(4)				
(5)				
(6)				
(7)				
(8)				

＜演習問題＞　次の取引を仕訳しなさい。

(1)　小岩商店へ商品￥6,000を売り上げ，代金は同店振出しの小切手で受け取った。

(2)　決算において，現金過不足勘定で処理してあった現金不足額￥200を調査したところ，そのうち￥150は通信費の記入漏れであることが判明したが，その他については不明であった。

(3)　決算において，現金過不足勘定で処理してあった現金過剰額￥1,000を調査したところ，支払手数料￥1,200を￥2,100と誤って記帳していたことが判明したが，その他は不明であった。

(4)　押上商店に商品￥13,000を売り上げ，代金は以前当社が振り出した小切手で受け取った。

(5)　船橋商店から商品を仕入れ，代金￥20,000は小切手を振り出して支払った。なお，当座預金残高は￥15,000で，取引銀行と借越限度額￥50,000の当座借越契約を結んでいる。

(6)　小岩商店に商品を売り上げ，代金￥35,000は同店より当社の当座預金口座に振り込まれた。なお，当座預金残は貸方残高￥5,000である。

(7)　期首に当座借越残高￥3,000について，再振替仕訳を行った。

(8)　普通預金￥10,000を，取引銀行の定期預金に預け替えた。

(9)　小口現金係から通信費：￥400，交通費：￥500を支払った旨報告を受け，ただちに小切手を振り出して補給した。

	借　方	金　額	貸　方	金　額
(1)				
(2)				
(3)				
(4)				
(5)				
(6)				
(7)				
(8)				
(9)				

第10章

商品売買とその記録

1 ■商品売買取引の処理

　商品売買については「**3分法**」という記帳方法を用いる。3分法は，**繰越商品勘定**（資産），**仕入勘定**（費用），**売上勘定**（収益）の3つの勘定を使用して記帳する方法である。この記帳方法は，スーパーマーケットやコンビニエンス・ストアなど取扱商品の数が多い企業に向いており，また一般的な企業の大多数で採用されている方法でもある。

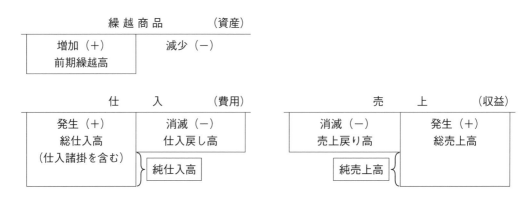

(1)　仕入原価（原価）

　仕入原価（原価）とは，商品を仕入れるためにかかった原価をいう。また，商品を仕入れる場合に引取運賃や保険料などを支払うことがある。これらの費用を**仕入諸掛**といい，仕入諸掛が当社（当方）で負担する売買契約の場合には，通常，商品の仕入原価に含めるので仕入勘定（費用）の借方に記入する。仕入原価は，次の仕入原価の計算式にもとづいて計算する。

仕入原価　＝　商品の購入代価　＋　仕入諸掛

(2)　販売価格（売価）

　販売価格（売価）とは，商品などを販売した（売り上げた）価格をいう。商品を販売する場合に，荷造費や運賃などを支払うことがある。これらの費用を**発送諸掛**といい，発送諸掛が当社（当方）で負担する売買契約の場合には，通常，発送費（費用）の借方に記入する。なお，得意先が発送諸掛を負担する売買契約の場合で，一時的に運賃などの費用を立て替えたときには，立て替えた金額を売掛金（資産）または立替金（資産）の借方に記入しておき，後日，得意先から回収する。

3分法による商品売買の仕訳の例は次のようになる。

① **商品を仕入れたとき**

例）瑞穂株式会社は，松戸商店より，商品¥30,000を仕入れ，代金は小切手を振り出して支払った。なお，当社負担の引取運賃¥1,000は現金で支払った。

（借）	仕	入	31,000	（貸）	当 座 預 金	30,000
					現　　　　金	1,000

② **商品を売り上げたとき**

例）瑞穂株式会社は，小岩商店に商品（仕入原価：¥20,000）を¥45,000で売り上げ，代金は小岩商店振出しの小切手で受け取った。なお，当社負担の発送費¥1,500は現金で支払った。

（借）	現	金	45,000	（貸）	売	上	45,000
	発 送 費		1,500		現　　　　金		1,500

(3) 売上原価

売上原価とは，売り上げた商品の仕入原価をいう。通常は，一会計期間に販売された商品の仕入原価をさし，次の売上原価の計算式にもとづいて計算する。

> **売上原価 ＝ 期首商品棚卸高 ＋ 当期商品純仕入高 － 期末商品棚卸高**

(4) 売上総利益

売上総利益とは，次の計算式によって求められる（粗利益（粗利）ともよばれる）。決算時には当期の売上高から売上原価を差し引いて売上総利益の金額を明らかにする。

> **売上総利益 ＝ 純売上高 － 売上原価**

2 ■返　品

商品の品違い，傷，汚れなどの理由により，仕入先に商品を送り返したり，また得意先から商品が送り返されたりすることを返品という。返品が行われた場合には，商品の仕入取引・売上取引を取り消す処理を行う。

(1) 仕入戻し

仕入戻しとは，仕入れた商品を仕入先に送り返すことをいう。仕入戻しが行われると，商品それ自体を仕入先に返品するため，帳簿上の記録も同様に，仕入取引がなかったものとして，この取引を取り消す処理を行う。＊仕入取引の逆仕訳を行う。

例）7月16日　瑞穂株式会社は，7月2日に松戸商店から掛けで仕入れた商品のうち，¥100を品違いのため返品した。

（借）	買 掛 金	100	（貸）	仕	入	100

(2) 売上戻り

売上戻りとは，売り上げた商品が得意先から送り返されてくることをいう。売上戻りが行われると，商品それ自体が得意先から返品されてくるため，帳簿上の記録も同様に，売上取引がなかったものとして，この取引を取り消す処理を行う。＊売上取引の逆仕訳を行う。

> 例）8月18日　瑞穂株式会社は，7月15日に小岩商店へ掛けで売り上げた商品のうち，¥50が品違いのため返品されてきた。
>
> （借）売　　　　上　　50　　（貸）売　掛　金　　50

3 ■前払金と前受金

商品の受渡し前に，内金などで代金の受払いがあった際に用いるのが，前払金勘定と前受金勘定である。

(1) 前払金

商品などを引き取る前に，その代金を支払うと，商品などを引き取ることができる。この債権を**前払金勘定**（資産）という。事前に商品代金などを支払うと前払金が増加するため借方記入し，商品などを受け取ると前払金は減少するため貸方記入する。

> 例）瑞穂株式会社は，船橋商店に商品¥100,000を注文し，内金として小切手¥50,000振り出して支払った。
>
> （借）前　払　金　　50,000　　（貸）当　座　預　金　　50,000
>
> 例）瑞穂株式会社は，船橋商店より上記商品を受け取り，代金の残額は掛けとした。
>
> （借）仕　　　　入　　100,000　　（貸）前　払　金　　50,000
> 　　　　　　　　　　　　　　　　　　買　掛　金　　50,000

(2) 前受金

商品などを引き渡す前に，その代金を受け取ると，商品などを引き渡さなければならない。この債務を**前受金勘定**（負債）という。事前に商品代金などを受け取ると前受金が増加するため貸方記入し，商品などを引き渡すと前受金は減少するため借方記入する。

> 例）瑞穂株式会社は，小岩商店から商品¥100,000の注文を受け，内金として現金¥50,000を受け取った。
>
> （借）現　　　　金　　50,000　　（貸）前　受　金　　50,000
>
> 例）瑞穂株式会社は，小岩商店に上記商品を引き渡し，代金の残額は掛けとした。
>
> （借）前　受　金　　50,000　　（貸）売　　　　上　　100,000
> 　　　　売　掛　金　　50,000

＜基本問題＞　次の瑞穂株式会社の取引を３分法によって仕訳しなさい。

６月２日　松戸商店から商品600個を＠¥150で仕入れ，代金は現金で支払った。

　　10日　小岩商店に商品250個（原価：＠¥150）を＠¥300で売り上げ，代金は現金で受け取った。

　　12日　船橋商店から商品500個を＠¥200で注文し，内金として100個分を現金で支払った。

　　19日　押上商店に商品300個（原価：＠¥200）を＠¥400で売り上げ，代金は同店振出しの小切手で受け取った。

　　20日　船橋商店から注文した商品を仕入れ，内金を差し引いた残額は掛けとした。

	借　　方	金　　額	貸　　方	金　　額
6/ 2				
10				
12				
19				
20				

＜演習問題＞ 　次の瑞穂株式会社の取引を３分法によって仕訳しなさい。

　6月2日　松戸商店から商品600個を＠￥150で仕入れ，代金は現金で支払った。なお，当社負担の引取運賃￥3,000を現金で支払った。

　　10日　小岩商店に商品250個（原価：＠￥150）を＠￥300で売り上げ，代金は掛けとした。なお，当社負担の発送費￥1,500を現金で支払った。

　　12日　船橋商店から商品500個を＠￥200で仕入れ，代金は小切手を振り出して支払った。なお，当社負担の引取運賃￥5,000を現金で支払った。

　　19日　上記小岩商店に売り上げた商品のうち，10個が品違いのため，返品を受けた。

　　20日　押上商店より商品￥500,000の注文を受け，内金として￥50,000を現金で受け取った。

　　28日　上記押上商店より注文のあった商品￥500,000を引き渡し，内金は相殺のうえ，残額は掛けとした。

	借　　方	金　　額	貸　　方	金　　額
6/ 2				
10				
12				
19				
20				
28				

第11章

商品有高帳

1 ■払出単価の計算方法

　商品有高帳は，商品の受入れ（仕入），払出し（売上），および残高を記録する補助簿であり，商品の管理に役立つものである。この商品有高帳は，商品の種類ごとに口座を設けて記帳するため，商品の売れ行きを簡単に把握することができる。例えばどの商品をどのタイミングで仕入先に発注するかなどの判断が簡単にできるようになる。

　なお，同じ種類の商品であっても，1個当たりの仕入単価が変動するものもある。こうした場合の払出単価の計算方法は，大きく2つある。

(1)　先入先出法

　先入先出法とは，同一の商品を異なる単価で受け入れた場合に，「先に受け入れた商品から先に払い出す」ものと仮定して，払出単価を計算する方法である。

　　例）5月に1個¥240のリンゴを15個仕入れ，10個売り上げたとする。先入先出法により，商品有高帳を完成させなさい。なお，リンゴ1個の売価は常に@¥300である。

リ　ン　ゴ

日　付	摘　　　要	受　　　入			払　　　出			残　　　高		
		数量	単価	金額	数量	単価	金額	数量	単価	金額
5/ 1	前月繰越	5	200	1,000				5	200	1,000
7	仕　　入	15	240	3,600				5	200	1,000
								15	240	3,600
19	売　　上				5	200	1,000			
					5	240	1,200	10	240	2,400
31	次月繰越				10	240	2,400			
		20		4,600	20		4,600			

（※単価の異なる商品を受け入れたら，それらを区別しておく {（中かっこ）を記入する。}

　先入先出法では，先に在庫しているものから先に売り上げたと考える。そのため，19日に売り上げた10個のリンゴのうち，5個は前月からの繰り越し分であり，残りの5個分は7日に仕入れた分として処理をする。

⑵ 移動平均法

仕入単価が異なる商品を受け入れたつど，直前の残高欄の金額と仕入金額を合計し，その合計金額を残高数量と仕入数量の合計数量で割って，常に新しい平均単価を計算する方法である。

$$平均単価 \ = \ \frac{残高欄の金額 \ + \ 仕入の金額}{残高数量 \ + \ 仕入数量}$$

例）上記の先入先出法の例題を使って移動平均法により商品有高帳を完成させなさい。

1,000＋3,600
4,600÷20
5＋15

リ　ン　ゴ

日　付	摘　　要	受　入			払　出			残　高		
		数量	単価	金額	数量	単価	金額	数量	単価	金額
5/ 1	前月繰越	5	200	1,000				5	200	1,000
7	仕　入	15	240	3,600				20	230	4,600
19	売　上				10	230	2,300	10	230	2,300
31	次月繰越				10	230	2,300			
		20		4,600	20		4,600			

移動平均法では，商品の受入のつど平均単価を計算する。平均単価とは，在庫している商品の合計金額（原価単位）を在庫商品の総数で割った金額である。

2 ■売上原価と売上総利益の計算

第10章で説明したように売上原価とは，売り上げた商品の仕入原価をいい，次の売上原価の計算式にもとづいて計算することになっているが，商品有高帳などで1カ月間の売上原価を計算する場合には，期首を月初，当期を当月，期末を月末に置き換えて計算を行う。

売上原価　＝　期首商品棚卸高　＋　当期商品純仕入高　－　期末商品棚卸高

上記の先入先出法の例題によれば，売上原価は次のように算出される。

売上原価（¥2,200）＝期首（月初）商品棚卸高（¥1,000）＋当期（当月）商品純仕入高（¥3,600）
　　　　　　　　　－期末（月末）商品棚卸高（¥2,400）

商品有高帳の前月繰越高¥1,000が，月初商品棚卸高となり，受入欄にある仕入高¥3,600が当月商品仕入高，払出欄にある次月繰越高¥2,400が月末商品棚卸高となる。つまり，払出欄の売り上げた金額が売上原価に該当する。

商品有高帳によって売上原価を計算するのと同様，売上総利益も月単位で次の計算式によって求められる。

売上総利益　＝　純売上高　－　売上原価

売上総利益も上記の例題によれば，次のように算出される。

売上総利益（¥800）＝純売上高（¥3,000）－売上原価（¥2,200）

ここでは純売上高の金額の計算に，売価@¥300が必要になってくる点に注意しなければならない。商品有高帳では売り上げた10個のリンゴは原価で計算されるが，ここでは売上高の計算（¥3,000＝10個×@¥300）のため売価が必要になる。

【第11章◆練習問題】

＜基本問題＞ 次の瑞穂株式会社の資料により(1)先入先出法，(2)移動平均法を用いて商品有高帳に記入しなさい。

〔資料〕

商品名：A品

9月1日	前月繰越	300個	@¥200	（原価）
5日	売　上	100個	@¥300	（売価）
10日	仕　入	200個	@¥240	（原価）
25日	売　上	250個	@¥350	（売価）

(1) 先入先出法

商 品 有 高 帳

（瑞穂株式会社）　　　　　　　　　　　　A 品　　　　　　　　　　　　（単位：円）

日　付	摘　要	受　入			払　出			残　高		
		数量	単価	金額	数量	単価	金額	数量	単価	金額

(2) 移動平均法

商　品　有　高　帳

（瑞穂株式会社）　　　　　　　　　　　　Ａ　　品　　　　　　　　　　　　（単位：円）

日　付	摘　要	受　入			払　出			残　高		
		数量	単価	金額	数量	単価	金額	数量	単価	金額

＜演習問題＞

　次の瑞穂株式会社の資料により，(1)先入先出法，(2)移動平均法を用いて，商品有高帳に記入し締め切りなさい。また，それぞれの場合について，9月中の①月末商品棚卸高，②売上高，③売上原価，④売上総利益を求めなさい。

〔資料〕

　　商品名：B品

　　　　9月1日　前月繰越　200個　@¥400（原価）

　　　　　7日　売　　上　150個　@¥600（売価）

　　　　16日　仕　　入　200個　@¥480（原価）

　　　　28日　売　　上　150個　@¥700（売価）

(1) 先入先出法

商　品　有　高　帳

（瑞穂株式会社）　　　　　　　　　　　　Ｂ　　品　　　　　　　　　　　　（単位：円）

×1年	摘　要	受　入			払　出			残　高		
		数量	単価	金額	数量	単価	金額	数量	単価	金額

(2) 移動平均法

商 品 有 高 帳

(瑞穂株式会社)　　　　　　　　　　　　　Ｂ　品　　　　　　　　　　　　　（単位：円）

×1年	摘　要	受　　入			払　　出			残　　高		
		数量	単価	金額	数量	単価	金額	数量	単価	金額

	①　月末商品棚卸高	②　売上高	③　売上原価	④　売上総利益
(1)　先入先出法				
(2)　移動平均法				

第12章

売掛金と買掛金

1 ■掛_かけによる売買

商品の代金を将来の一定期日に支払うことを約束して商品を売買することを**掛けによる売買**という。取引量が多くなるほど代金の受取りや支払いが現金で行われることは少なく，むしろ，継続的な取引であれば取引先へ掛けで商品を売買するほうが効率的である。しかし，掛けによる取引が多くなると貸し倒れ（売掛金などの売上債権が回収できなくなること）になる危険性が増加するので注意が必要である。瑞穂株式会社（当社）と取引先との掛けによる売買の関係を示すと以下のようになる。

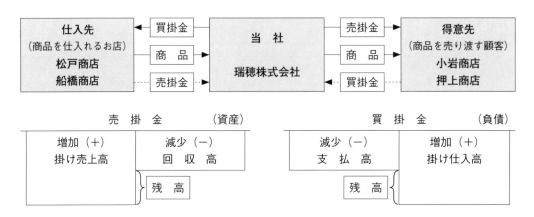

2 ■買掛金_{かいかけきん}（負債）

買掛金とは，商品を掛けで仕入れたときに生じたその代金を支払う義務をいう。仕入先から商品を掛けで仕入れた場合には，後日，その商品の代金を仕入先に支払う義務（債務）が生じるため，買掛金勘定（負債）の貸方に記入する。また，買掛金の支払いを行った場合には，債務が消滅するため，買掛金勘定（負債）の借方に記入する。

① 商品を掛けで仕入れたとき

例）7月2日　瑞穂株式会社は，松戸商店から商品200個を@¥100で仕入れ，代金は掛けとした。

（借）仕　　　　入　　20,000　　（貸）買　掛　金　　20,000

＊仕入れた商品の原価（仕入原価）：@¥100×200個＝¥20,000

② 買掛金を支払ったとき

例）7月10日　瑞穂株式会社は，松戸商店に買掛金¥10,000を現金で支払った。

（借）買　掛　金　　10,000　　（貸）現　　　　金　　10,000

3 ■売掛金（資産）

売掛金とは，商品を掛けで売り渡したときに生じたその代金を受け取る権利をいう。得意先に商品を掛けで売り渡した場合には，後日，その商品の代金を得意先から受け取る権利（債権）が生じるため，売掛金勘定（資産）の借方に記入する。また，売掛金が回収された場合には，債権が消滅するため，売掛金勘定（資産）の貸方に記入する。

　① 商品を掛けで売り渡したとき

　　例）7月15日　瑞穂株式会社は，小岩商店に商品30個を@¥150で売り渡し，代金は掛けとした。

　　（借）売　掛　金　　4,500　　　（貸）売　　　　　上　　　4,500

　　　＊販売価格（売価）：@¥150×30個＝¥4,500

　② 売掛金を回収したとき

　　例）7月25日　瑞穂株式会社は，小岩商店から売掛金¥1,500を現金で回収した。

　　（借）現　　　　金　　1,500　　　（貸）売　　掛　　金　　1,500

4 ■クレジット売掛金

商品売買等でクレジットカードを使い，代金を支払った場合には，売り手と買い手の他に信販会社も取引に関係することになる。当社が商品を販売し，クレジット決済を指定されると，信販会社に支払う手数料を差し引かれた残額を**クレジット売掛金勘定**（資産）として借方に記入する。代金を回収した際には，クレジット売掛金勘定を貸方記入し減少させる。

　　例）瑞穂株式会社は，押上商店に商品¥10,000を売り渡し，代金はクレジット払いとなった。クレジットの手数料は販売代金の3％である。

　　（借）クレジット売掛金　　9,700　　　（貸）売　　　　　上　　10,000
　　　　　支　払　手　数　料　　　300

　　例）上記の例題の商品代金¥9,700が信販会社から瑞穂株式会社の当座預金に振り込まれた。

　　（借）当　座　預　金　　9,700　　　（貸）クレジット売掛金　　9,700

5 ■売上帳・仕入帳および得意先元帳（売掛金元帳）・仕入先元帳（買掛金元帳）

売上帳は，売上取引の明細をその発生順に記録する補助簿であり，仕入帳は，仕入取引の明細をその発生順に記録する補助簿である。売上帳と売上勘定を照合することにより，また仕入帳と仕入勘定を照合することにより，それぞれの記帳に誤りがないかどうかを確認することができる。

一方，主要簿である総勘定元帳の売掛金勘定（資産）および買掛金勘定（負債）には，すべての得意先や仕入先に対する売掛金と買掛金が記入される。しかし，これら2つの勘定の記録だけでは，取引先ごとの売掛金・買掛金の増加や減少，そして残高が明らかにならない。そこで，一般的に総勘定元帳には，売掛金勘定（資産）と買掛金勘定（負債）を設けて，売掛金と買掛金の総額を明らかにすると同時に，**得意先元帳**および**仕入先元帳**という補助簿（補助元帳）を作成し，これらの帳簿に取引先ごとの人名勘定を設けて記録を行う。これにより，得意先元帳と仕入先元帳で総勘定元帳の売掛金勘定（資産）と買掛金勘定（負債）の明細を明らかにすることができる。この方法では，総勘定元帳の売掛金勘定（資

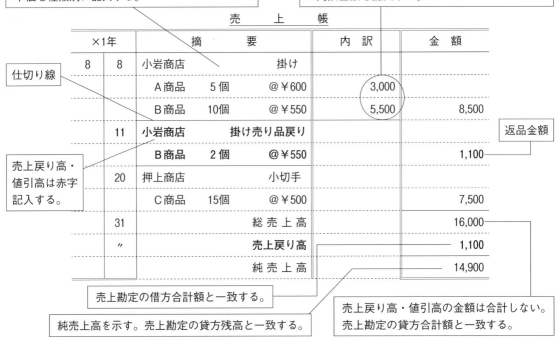

得意先商店名，代金の受取方法，商品名，数量，単価を種類別に記入する。

商品を2品目以上売り渡したときなどに品目ごとの内訳金額を記入する。

売　上　帳

×1年		摘　　要		内　訳	金　額
8	8	小岩商店	掛け		
		A商品　5個	@¥600	3,000	
		B商品　10個	@¥550	5,500	8,500
	11	小岩商店	掛け売り品戻り		
		B商品　2個	@¥550		1,100
	20	押上商店	小切手		
		C商品　15個	@¥500		7,500
	31	総 売 上 高			16,000
	〃	売上戻り高			1,100
		純 売 上 高			14,900

仕切り線

売上戻り高・値引高は赤字記入する。

返品金額

売上勘定の借方合計額と一致する。

純売上高を示す。売上勘定の貸方残高と一致する。

売上戻り高・値引高の金額は合計しない。売上勘定の貸方合計額と一致する。

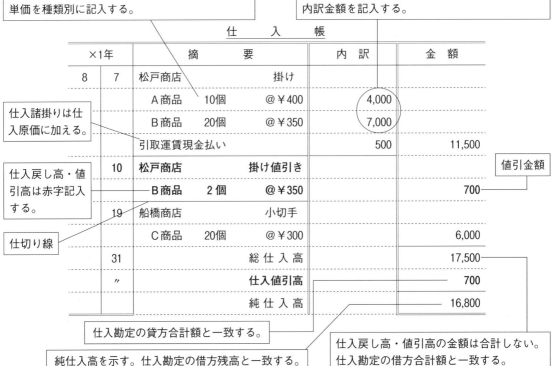

仕入先商店名，代金の支払条件，商品名，数量，単価を種類別に記入する。

商品を2品目以上仕入れたときなどに品目ごとの内訳金額を記入する。

仕　入　帳

×1年		摘　　要		内　訳	金　額
8	7	松戸商店	掛け		
		A商品　10個	@¥400	4,000	
		B商品　20個	@¥350	7,000	
		引取運賃現金払い		500	11,500
	10	松戸商店	掛け値引き		
		B商品　2個	@¥350		700
	19	船橋商店	小切手		
		C商品　20個	@¥300		6,000
	31	総 仕 入 高			17,500
	〃	仕入値引高			700
		純 仕 入 高			16,800

仕入諸掛りは仕入原価に加える。

仕入戻し高・値引高は赤字記入する。

仕切り線

値引金額

仕入勘定の貸方合計額と一致する。

純仕入高を示す。仕入勘定の借方残高と一致する。

仕入戻し高・値引高の金額は合計しない。仕入勘定の借方合計額と一致する。

得意先の商店名など
を記入する。

売掛金（資産）が借方残高か貸方残高かを記入する欄。売掛金は
資産勘定のため残高は常に借方残高（「借」）となる。

得 意 先 元 帳
小 岩 商 店　　　　　　　　　　　　　　　　　　　　　　　　1

×1年		摘　　　　要	借　　方	貸　　方	借または貸	残　　高
8	1	前　月　繰　越	100,000		借	100,000
	12	売　り　上　げ	80,000		〃	180,000
	14	売 上 戻 り（返 品）		2,000	〃	178,000
	23	入　　　　　金		100,000	〃	78,000
	31	次　月　繰　越		78,000		
			180,000	180,000		
9	1	前　月　繰　越	78,000		借	78,000

月末の日付で「次月繰越」と繰り
越す金額を赤字記入する。

次の月初の日付で「前月繰越」と繰り越された
金額を記入する。

仕入先の商店名など
を記入する。

買掛金（負債）が借方残高か貸方残高かを記入する欄。買掛金は
負債勘定のため残高は常に貸方残高（「貸」）となる。

仕 入 先 元 帳
松 戸 商 店　　　　　　　　　　　　　　　　　　　　　　　　1

×1年		摘　　　　要	借　　方	貸　　方	借または貸	残　　高
8	1	前　月　繰　越		150,000	貸	150,000
	8	仕　　入　　れ		50,000	〃	200,000
	16	仕 入 れ 戻 し（返 品）	5,000		〃	195,000
	27	現　金　支　払　い	80,000		〃	115,000
	31	次　月　繰　越	115,000			
			200,000	200,000		
9	1	前　月　繰　越		115,000	貸	115,000

月末の日付で「次月繰越」と繰り
越す金額を赤字記入する。

次の月初の日付で「前月繰越」と繰り越された
金額を記入する。

産）の借方合計・貸方合計は，得意先元帳の各人名勘定（取引先の商店名等を付けた勘定）の借方合計・貸方合計の総額とそれぞれ一致することになる。同時に総勘定元帳の買掛金勘定（負債）の借方合計・貸方合計は，仕入先元帳の各人名勘定の借方合計・貸方合計の総額とそれぞれ一致する。このような売掛金勘定（資産）・買掛金勘定（負債）など，補助簿の各勘定を集約した内容をもつ勘定のことを**統制勘定**または**統括勘定**という。

＜基本問題＞　次の瑞穂株式会社の取引を３分法によって仕訳しなさい。

7月3日　松戸商店から商品70個を＠￥200で仕入れ，代金は掛けとした。

11日　小岩商店に商品25個を＠￥300で売り上げ，代金は掛けとした。

13日　船橋商店から商品50個を＠￥220で仕入れ，代金のうち￥5,000は小切手を振り出して支払い，残額は掛けとした。

20日　押上商店に商品30個を＠￥350で売り上げ，代金のうち￥7,000は同店振出しの小切手で受け取り，残額は掛けとした。

	借　　方	金　　額	貸　　方	金　　額
7/ 3				
11				
13				
20				

<演習問題> 次の瑞穂株式会社の取引を3分法によって仕訳しなさい。

7月3日 松戸商店から商品70個を@¥200で仕入れ，代金は掛けとした。なお，当店負担の引取運賃¥1,000を現金で支払った。

6日 松戸商店から3日に掛けで仕入れた商品のうちの7個が汚損していたため返品した。

11日 押上商店に商品¥8,000を売り上げ，代金はクレジット払いとなった。クレジットの手数料は販売代金の2％である。

13日 船橋商店から商品50個を@¥220で仕入れ，代金のうち¥5,000は小切手を振り出して支払い，残額は掛けとした。なお，当店負担の引取運賃¥800を現金で支払った。

14日 11日に押上商店に売り上げた商品のクレジット販売代金（¥8,000から手数料2％を差し引いた手取額）が信販会社から当社の普通預金に振り込まれた。

15日 船橋商店から13日に掛けで仕入れた商品のうちの2個を品質不良のため返品した。

20日 押上商店に商品30個を@¥350で売り上げ，代金のうち¥7,000は同店振出しの小切手で受け取り，残額は掛けとした。なお当店負担の発送費¥900を現金で支払った。

25日 押上商店に20日に掛けで売り上げた商品うちの1個が品違いのため返品されてきた。

	借　方	金　額	貸　方	金　額
7/ 3				
6				
11				
13				
14				
15				
20				
25				

第13章

試験対策問題

問題1

次の(ア)～(シ)の各金額を計算しなさい。なお，当期純損益が純損失の場合には金額の前に△をつけること。

	期首貸借対照表			期末貸借対照表			損益計算書		当期純損益
	資　産	負　債	資　本（純資産）	資　産	負　債	資　本（純資産）	収　益	費　用	
(1)	222,000	(ア)	123,000	333,000	199,000	(イ)	111,000	(ウ)	(エ)
(2)	(オ)	130,000	80,000	230,000	(カ)	(キ)	100,000	92,000	(ク)
(3)	357,000	234,000	(ケ)	(コ)	255,000	144,000	(サ)	113,000	(シ)

(1)	(ア)		(イ)		(ウ)		(エ)	
(2)	(オ)		(カ)		(キ)		(ク)	
(3)	(ケ)		(コ)		(サ)		(シ)	

問題2

瑞穂株式会社の4月中の取引について下記の問に答えなさい。

4月1日　Aさんが現金¥500,000を出資し，瑞穂株式会社を設立し営業を開始した。

4月2日　瑞穂株式会社（以下当社の取引）は銀行から¥300,000を借り入れて当座預金口座に預け入れた。

4月5日　事務所を借りて家賃¥100,000を現金で支払った。

4月10日　備品¥150,000を購入し，代金は小切手を振り出して支払った。

4月15日　商品¥800,000を仕入れ，代金は現金で¥300,000支払い，残りは掛けとした。

4月20日　15日に仕入れた商品すべてをB商店に¥1,200,000で売り上げ，代金のうち¥1,000,000は現金で受け取り，残額の¥200,000は掛けとした。

4月22日　現金¥600,000を当座預金口座に預け入れた。

4月24日　買掛金¥200,000を，小切手を振り出して支払った。

4月25日　従業員に給料¥250,000を現金で支払った。

4月30日　銀行に1カ月分の利息¥100（支払利息）を当座預金口座から支払った。

問1 上記取引の仕訳を示しなさい。

日 付	借 方 科 目	金 額	貸 方 科 目	金 額
4月1日				
2日				
5日				
10日				
15日				
20日				
22日				
24日				
25日				
30日				

問2 各勘定に転記しなさい。日付と金額だけでよい。

現　　　　金　　　　【資産】	当 座 預 金　　　　【資産】

売 掛 金　　　　【資産】	備　　　品　　　　【資産】

買 掛 金　　　　【負債】	借 入 金　　　　【負債】

資 本 金　　【資本・純資産】	売　　　上　　　　【収益】

仕　　　入　　　　【費用】	給　　料　　　　【費用】

支 払 家 賃　　　　【費用】	支 払 利 息　　　　【費用】

問題3

次の瑞穂株式会社の資料により，移動平均法を用いて商品有高帳に記入し，締め切りなさい。また，11月中の①月末商品棚卸高，②売上高，③売上原価，④売上総利益を求めなさい。

資料

商品名：C品

11月1日	前月繰越	100個	@¥200	（原価）
8日	売　　上	80個	@¥400	（売価）
15日	仕　　入	180個	@¥240	（原価）
23日	売　　上	170個	@¥420	（売価）

商 品 有 高 帳

（移動平均法）　　　　　　　　　　　　　　　C　　品　　　　　　　　　　　　　（単位：円）

×1年		摘　要	受　　入			払　　出			残　　高		
			数量	単価	金額	数量	単価	金額	数量	単価	金額
11	1	前月繰越	100	200	20,000				100	200	20,000

	①　月末商品棚卸高	②　売上高	③　売上原価	④　売上総利益
移動平均法	¥	¥	¥	¥

問題4

次の一連の取引について仕訳しなさい。

勘定科目：現金，現金過不足，当座預金，売掛金，買掛金，当座借越，売上，雑益，仕入，発送費，雑損

9月1日　商品¥500,000を仕入れ，引取運賃¥10,000とともに現金で支払った。

9月8日　商品を¥700,000で掛け売りし，発送費¥15,000は現金で支払った。

9月20日　備品¥120,000を購入し，代金は小切手を振り出して支払った。取引直前の当座預金口座残高は¥100,000である。なお，この当座預金口座はA銀行の口座であり，当行とは借越限度額¥100,000の当座借越契約を結んでいる。

9月25日　現金の帳簿残高と実際有高を照合したところ，実際有高が¥10,000多いことが判明したが，原因が不明であったので現金過不足で処理した。

9月30日　①9月決算にあたり，当座預金口座の残高が貸方¥20,000であったのでこれを当座借越勘定に振り替えた。

②9月決算の日に先の現金過不足の原因が売掛金の現金回収額￥8,000の記入漏れと判明したので適切に処理した。

10月1日　期首に当座借越勘定を当座預金勘定に振り替えた。

日　付	借 方 科 目	金　　額	貸 方 科 目	金　　額
9月1日				
8日				
20日				
25日				
30日①				
②				
10月1日				

約束手形・電子記録債権・電子記録債務

1■約束手形

　商品代金の受渡しは，現金や小切手などの他に，手形によって行うことがある。手形は，法律上，一定額の支払いを目的とした有価証券である。手形は，取引が発生した後日に，代金決済したい場合に利用される。また，手形債権・債務の内容を記録するために，手形記入帳（受取手形記入帳および支払手形記入帳）という補助簿を用いることがある。約束手形とは，振出人（手形作成者）が名宛人（手形受取人）に対して，一定期日に手形へ記載した金額を支払うことを約束した証券である。

　簿記上では，得意先から約束手形を受け取ったときに受取手形勘定（資産）の借方に記入し，満期日になれば貸方に記入する。一方，当社が約束手形を仕入先などへ振り出したときは支払手形勘定（負債）の貸方に記入し，満期日になれば借方に記入する。

　例）次の取引について仕訳しなさい。（決算日：3月31日，年1回）

　　8月2日　当社は小岩商店に商品￥600,000を売り上げ，代金は同店振出しの約束手形（No. 1）を受け取った。

　　（借）受　取　手　形　　600,000　　（貸）売　　　　　上　　600,000

　　8月18日　当社は松戸商店から商品￥400,000を仕入れ，代金は約束手形（No. 2）を振り出して支払った。

　　（借）仕　　　　　入　　400,000　　（貸）支　払　手　形　　400,000

　　12月17日　小岩商店振出しの約束手形￥600,000が満期日となり市川銀行の当座預金に入金された。

　　（借）当　座　預　金　　600,000　　（貸）受　取　手　形　　600,000

　　12月18日　松戸商店に振り出した約束手形￥400,000が満期日となり市川銀行の当座預金から引き落とされた。

　　（借）支　払　手　形　　400,000　　（貸）当　座　預　金　　400,000

　また，手形記入帳に上記の取引例を記入すると次のようになる。手形債権・債務が増加した場合，日付欄から金額欄まで記入し，決済が完了し手形債権・債務が減少したときにてん末欄へ記入を行う。

受 取 手 形 記 入 帳

日付		摘要	手形種類	手形番号	支払人	振出人または裏書人	振出日		支払期日		支払場所	金額	てん末*		
8	2	売上	約手	1	小岩商店	小岩商店	8	2	12	17	市川銀行	600,000	12	17	取立済

*手形の裏書または割引した場合は，「裏書」・「割引」とてん末欄に記録する。

支 払 手 形 記 入 帳

日付		摘要	手形種類	手形番号	支払人	振出人	振出日		支払期日		支払場所	金額	てん末		
8	18	仕入	約手	2	松戸商店	当社	8	18	12	18	市川銀行	400,000	12	18	支払済

2 ■手形の割引きと裏書き

(1) 手形の裏書き

　所有する手形は支払期日前に商品代金などの支払手段として使うことができる。支払手段として他店に手形を譲渡するために，所有する手形の裏面に署名して他店に譲渡することを，手形の裏書譲渡という。裏書譲渡を行う（手形の譲渡人になる）と手形金額を受け取る権利が消滅するので，受取手形勘定（資産）の貸方に記入する。また，裏書譲渡された（手形の譲受人になった）ときは，手形金額を受け取る権利が発生するため，受取手形勘定の借方に記入する。

　① 手形を裏書譲渡したとき

　　例）松戸商店へ買掛金￥80,000を支払うため，所有する約束手形を裏書譲渡した。

　　（借）買 掛 金 　　80,000 　　（貸）受 取 手 形 　　80,000

　② 手形を裏書譲渡されたとき

　　例）小岩商店から売掛金￥100,000の回収として，約束手形を裏書譲渡された。

　　（借）受 取 手 形 　　100,000 　　（貸）売 掛 金 　　100,000

(2) 手形の割引き

　所有する手形は，銀行に売却することで支払期日前に換金することができる。これを手形の割引きという。手形を割り引くと，手形金額から支払期日までの利息が割引料として差し引かれ，残額を受け取ることができる。割引きを行うと手形金額を受け取る権利が消滅するため，受取手形勘定の貸方に記入する。また，銀行に支払う割引料は手形を売却したことによる費用と考えて，手形売却損勘定（費用）で処理する。

　　例）所有する約束手形￥100,000を取引銀行で割り引き，割引料￥2,000を差し引いた残額を当座預金口座へ預け入れた。

　　（借）当 座 預 金 　　98,000 　　（貸）受 取 手 形 　　100,000
　　　　 手 形 売 却 損 　　 2,000

3 ■手形貸付金と手形借入金

　資金の貸し借りは借用証書を作って行われるが，借用証書の代わりに借り手が約束手形を振り出すことがある。この場合の約束手形は商品代金の支払いに利用するものではないので，受取手形勘定や支払手形勘定を用いず，手形貸付金勘定（資産）や手形借入金勘定（負債）を用いて処理する。

① 手形で現金を貸し付けたとき

　例）松戸商店へ現金¥50,000を貸し付け，借用証書の代わりとして松戸商店振出しの約束手形を受け取った。

　　（借）手 形 貸 付 金　　50,000　　（貸）現　　　　　金　　50,000

② 手形で現金を借り入れたとき

　例）小岩商店から現金¥90,000を借り入れ，借用証書の代わりとして約束手形を振り出した。

　　（借）現　　　　　金　　90,000　　（貸）手 形 借 入 金　　90,000

4 ■電子記録債権・電子記録債務

　情報技術の発達により，新たな金銭債権として電子記録債権および電子記録債務が誕生した。このうち電子記録債権は，電子債権記録機関（でんさいネット）への電子記録の発生などを要件とするため，既存の売掛債権や手形債権とは異なる新たな金銭債権である。これにより，企業が保有する売掛債権や手形債権などを電子化することで，ペーパレス化による盗難防止やインターネット上で，安全・簡易・迅速な取引ができるようになった。なお，電子記録債権・債務の会計処理は手形の取引に準ずる。

　以前に掛け取引をした場合，売り手が買い手に対して電子記録債権の請求を行った際に，売り手は，電子記録債権勘定（資産）を増加させ借方記入し，売掛金勘定（資産）を減少させ貸方記入する。一方，買い手は電子記録債務勘定（負債）を増加させ貸方記入し，買掛金勘定（負債）を減少させ借方記入を行う。

　　例）次の取引について仕訳しなさい。（決算日：3月31日，年1回）

　　　5月1日　小岩商店に対する売掛金¥50,000について，電子記録債権の発生記録を行った。

　　　（借）電 子 記 録 債 権　　50,000　　（貸）売　　掛　　金　　50,000

　　　5月10日　松戸商店に対する買掛金¥70,000について，電子記録債務の発生記録が行われた。

　　　（借）買　　掛　　金　　70,000　　（貸）電 子 記 録 債 務　　70,000

　　　7月1日　電子記録債権¥50,000の支払期限が到来し，当社の当座預金に入金された。

　　　（借）当 座 預 金　　50,000　　（貸）電 子 記 録 債 権　　50,000

　　　7月31日　電子記録債務¥70,000の支払期限が到来し，当社の当座預金から引き落とされた。

　　　（借）電 子 記 録 債 務　　70,000　　（貸）当 座 預 金　　70,000

【第14章◆練習問題】

<基本問題>

次の取引を仕訳しなさい。

(1) 小岩商店に商品¥155,000を売り上げ，同店振出しの代金は約束手形で受け取った。

(2) 松戸商店から商品¥200,000を仕入れ，代金は約束手形を振り出して支払った。

(3) 小岩商店振出しの約束手形¥155,000が満期日となり，当座預金に入金された。

(4) 当社振出しの約束手形¥200,000が満期日となり，当座預金から引き落とされた。

(5) 買掛金の支払いのため，先に松戸商店から受け取った約束手形¥80,000を裏書譲渡した。

(6) 先に受け取った約束手形￥10,000を取引銀行で割り引き，割引料￥600を差し引かれた手取金を当座預金に預け入れた。

(7) 松戸商店へ現金￥80,000を貸し付け，借用証書の代わりとして同店振出しの約束手形を受け取った。

	借　　方	金　　額	貸　　方	金　　額
(1)				
(2)				
(3)				
(4)				
(5)				
(6)				
(7)				

＜演習問題＞

次の取引を仕訳しなさい。

(1) 押上商店に対する売掛金￥30,000について，電子記録債権の発生記録を行った。

(2) 電子記録債権￥30,000の支払期限が到来し，当社の当座預金に入金された。

(3) 船橋商店から商品￥400,000を仕入れ，代金のうち￥300,000については，小岩商店振出しの約束手形を裏書譲渡し，残額は掛けとした。

(4) 先に受け取った約束手形￥100,000を取引銀行で割り引き，手形額面の4％を割引料として差し引かれ手取金を当座預金に預け入れた。

(5) 小岩商店から現金￥90,000を借り入れ，借用証書の代わりとして約束手形を振り出した。

	借　　方	金　　額	貸　　方	金　　額
(1)				
(2)				
(3)				
(4)				
(5)				

貸付金・借入金，未収入金・未払金，仮払金・仮受金，立替金・預り金，受取商品券，差入保証金

1 ■貸付金と借入金

(1) 貸付金（資産）

取引先などに金銭を貸し付けた場合，後日，元本（貸した金銭）と利息を受け取ることができる。この債権を**貸付金**という。金銭を貸し付けると貸付金が増加するので借方記入し，返済されると貸付金が減少するので貸方記入する。

例）瑞穂株式会社は，小岩商店へ現金¥100,000を貸し付けた。

（借）貸　付　金　100,000　　（貸）現　　　　金　100,000

例）瑞穂株式会社は，小岩商店から貸付金¥100,000を現金で返済を受けた。

（借）現　　　　金　100,000　　（貸）貸　付　金　100,000

(2) 借入金（負債）

銀行などから金銭を借り入れた場合，後日，元本（借りた金銭）と利息を支払わなければならない。この債務を**借入金**という。金銭を借り入れると借入金が増加するので貸方記入し，返済すると借入金が減少するので借方記入する。

例）瑞穂株式会社は，銀行から現金¥100,000を借り入れた。

（借）現　　　　金　100,000　　（貸）借　入　金　100,000

例）瑞穂株式会社は，銀行に借入金¥100,000を現金で返済した。

（借）借　入　金　100,000　　（貸）現　　　　金　100,000

2 ■未収入金と未払金

商品売買において代金の受払いが後日行われる際には，売掛金勘定や買掛金勘定を用いる。しかし，有形固定資産などの売買において，代金の受払いが後日行われるときには，未収入金勘定や未払金勘定を用いる。

(1) 未収入金（資産）

商品売買以外の取引（例えば，土地の売却など）で，後日その代金を受け取る場合の債権を**未収入金**という。商品以外の資産を売却して代金を後日受け取る場合，未収入金が増加するので借方記入し，その代金を回収した場合，未収入金が減少するので貸方記入する。

例）瑞穂株式会社は，国分商店に帳簿価額¥500,000の土地を売却し，代金は月末に受け取ること

とした。

（借）未 収 入 金　　500,000　　（貸）土　　　　　地　　500,000

例）瑞穂株式会社は，国分商店から上記の土地売却代金を現金で受け取った。

（借）現　　　　金　　500,000　　（貸）未 収 入 金　　500,000

⑵　未払金（負債）

商品売買以外の取引（例えば，土地の取得など）で，後日代金を支払う場合の債務を**未払金**という。商品以外の資産を購入して代金を後日支払う場合，未払金が増加するので貸方記入し，その代金を支払った場合，未払金が減少するので借方記入する。

例）瑞穂株式会社は，真間商店から土地¥500,000を購入し，代金は月末に支払うこととした。

（借）土　　　　　地　　500,000　　（貸）未 払 金　　500,000

例）瑞穂株式会社は，真間商店に上記の土地購入代金を現金で支払った。

（借）未 払 金　　500,000　　（貸）現　　　　金　　500,000

3 ■仮払金と仮受金

⑴　仮払金（資産）

現金などを支払ったときに，その内容などが確定していない場合がある。そのときに用いる資産勘定が**仮払金**勘定である。これは，支払いの内容などが確定したときに，仮払金勘定を貸方記入する。

例）従業員の出張に際して旅費概算額¥15,000を現金で支払った。

（借）仮 払 金　　15,000　　（貸）現　　　　金　　15,000

例）出張費用の概算額¥15,000を現金で精算した。支払いの内訳は，旅費交通費¥12,000であった。

（借）旅 費 交 通 費　　12,000　　（貸）仮 払 金　　15,000
　　　現　　　　金　　 3,000

＊この例題のように現金で精算する場合，仮払金と実際に支払った差額が現金精算額となる。反対に，仮払いした概算額より多く支払っている場合，不足額を現金などで支払うことになる。

⑵　仮受金（負債）

現金などを受け取った際に，その内容が確定していない場合がある。そのときに用いる負債勘定が**仮受金**勘定である。仮受金の内容が確定したときに，仮受金は減少するので借方記入する。

例）出張中の従業員から当座預金に¥80,000の入金があったが，内容は不明である。

（借）当 座 預 金　　80,000　　（貸）仮 受 金　　80,000

例）上記の内容が不明だった¥80,000の入金は得意先からの売掛金の回収であることが判明した。

（借）仮 受 金　　80,000　　（貸）売 掛 金　　80,000

4 ■立替金と預り金

⑴　立替金（資産）

従業員などが負担すべき（飲食代や保険料などの）代金を一時的に立て替え払いした場合，後日，そ

の立て替えた金銭を受け取ることができる。この債権を**立替金**という。立て替え払いをした場合，立替金が増加するので借方記入し，立て替え払いした金額を受け取った場合，立替金が減少するので貸方記入する。

例）瑞穂株式会社は，従業員の負担すべき雇用保険料¥2,000を現金で立て替え払いした。

(借) 立 替 金 2,000 (貸) 現 金 2,000

例）瑞穂株式会社は，従業員から立替金¥2,000を現金で受け取った。

(借) 現 金 2,000 (貸) 立 替 金 2,000

上記の立替金勘定は，従業員立替金勘定を用いる場合もある。

(2) 預り金（負債）

従業員などから（源泉所得税，住民税，社会保険料などを）一時的に金銭を預かった場合，後日，預かった金銭を支払わなければならない。その債務を**預り金**という。金銭を預かった場合，預り金が増加するので貸方記入し，それを支払った場合に，預り金が減少するので借方記入する。また，従業員における社会保険料の企業負担額は，支払時に法定福利費勘定（費用）により借方記入する。社会保険料は，原則，企業が半額以上負担するようになる。

例）従業員に給料¥400,000を源泉所得税¥6,000と社会保険料¥50,000を差し引き，現金で支払った。

(借) 給 料 400,000 (貸) 現 金 344,000
預 り 金 56,000

例）従業員の源泉所得税¥6,000を税務署に現金で納付した。

(借) 預 り 金 6,000 (貸) 現 金 6,000

例）従業員から預かった社会保険料¥50,000と企業負担分¥50,000を現金で納付した。

(借) 預 り 金 50,000 (貸) 現 金 100,000
法 定 福 利 費 50,000

上記の預り金勘定は，所得税と社会保険料の内容を明確にするため，源泉所得税預り金勘定（または所得税預り金勘定），住民税預り金勘定，社会保険料預り金勘定，従業員預り金勘定で記入される場合もある。

5 ■受取商品券（資産）

商品券とは，その商品券を発行した他の企業または自治体に対して代金を請求する権利である。商品券を受け取った際には，受取商品券勘定（資産の増加）を借方記入し，後日商品券発行店または自治体などから金銭を受け取った際には，受取商品券勘定（資産の減少）を貸方記入する。

○商品券を受け取ったとき

(借) 受 取 商 品 券 ××× (貸) 売 上 ×××

○商品券を精算したとき

(借) 現 金 ××× (貸) 受 取 商 品 券 ×××

例）商品¥10,000を売り上げ，代金として自治体が発行した商品券を受け取った。

(借) 受 取 商 品 券 10,000 (貸) 売 上 10,000

例）さきに受け取った自治体発行の商品券￥10,000を現金で決済した。

（借）現　　　　　金　　10,000　　　（貸）受 取 商 品 券　　10,000

6 ■差入保証金（資産）

　差入保証金とは，債務者が債権者に対して，契約履行の担保として差し入れた保証金である。不動産における賃貸借契約の敷金は差入保証金の一部である。保証金を差し入れたときは，差入保証金勘定を借方記入し，保証金が返還されたときは差入保証金勘定を貸方記入する。

　　　例）当社は，国府台不動産と店舗を賃貸借契約し，保証金￥40,000を普通預金から支払った。

　　　（借）差 入 保 証 金　　40,000　　　（貸）普 通 預 金　　40,000

　　　例）国府台不動産と賃貸借契約している店舗を解約したため，敷金￥40,000について修繕費￥30,000を差し引き普通預金口座に入金された。

　　　（借）修　繕　費　　30,000　　　（貸）差 入 保 証 金　　40,000
　　　　　　普 通 預 金　　10,000

【第15章◆練習問題　貸付金・借入金，未収入金・未払金，仮払金・仮受金】

<基本問題>　次の取引を仕訳しなさい。

(1)　現金￥100,000を押上商店に貸し付けた。

(2)　土地（取得原価￥800,000）を￥800,000で売却し，代金は後日受け取ることとした。

(3)　瑞穂株式会社は，真間商店から土地￥500,000を購入し，代金は月末に支払うこととした。

(4)　従業員の出張に際して旅費概算額￥20,000を現金で支払った。

(5)　出張中の従業員から普通為替証書￥100,000が送られてきたが，内容は不明である。

	借　　方	金　　額	貸　　方	金　　額
(1)				
(2)				
(3)				
(4)				
(5)				

＜演習問題＞ 次の取引を仕訳しなさい。

(1) 貸付金￥100,000を利息￥1,000とともに，現金で返済を受けた。

(2) 銀行からの借入金￥200,000が利息￥1,000とともに普通預金口座から引き落とされた。

(3) 国分商店から，さきに売却した土地の売却代金￥800,000を現金で受け取った。

(4) 以前に，真間商店から購入した土地の購入代金￥500,000を現金で支払った。

(5) 出張費用の概算額￥20,000を現金で精算した。使途は，旅費交通費￥15,000と消耗品費￥2,000であった。

(6) 仮受金￥160,000は，押上商店からの売掛金の回収であることが判明した。

	借　　方	金　　額	貸　　方	金　　額
(1)				
(2)				
(3)				
(4)				
(5)				
(6)				

＜基本問題＞　次の取引の仕訳をしなさい。

⑴　従業員の負担すべき雇用保険料¥3,000を現金で立て替え払いした。

⑵　従業員への立替金¥3,000を現金で受け取った。

⑶　従業員に給料¥400,000を源泉所得税¥7,000と社会保険料¥40,000を差し引き，現金で支払った。

⑷　従業員の源泉所得税¥7,000を税務署に現金で納付した。

⑸　従業員から預かった社会保険料¥40,000と企業負担分¥40,000を現金で納付した。

⑹　商品¥20,000を売り上げ，代金のうち¥15,000は現金で受け取り，残額は自治体が発行する商品券を受け取った。

⑺　さきに受け取った自治体発行の商品券¥5,000を現金で決済した。

⑻　当社は，国府台不動産と店舗を賃貸借契約し，保証金¥80,000を普通預金から支払った。

	借　　方	金　　額	貸　　方	金　　額
⑴				
⑵				
⑶				
⑷				
⑸				
⑹				
⑺				
⑻				

<演習問題> 次の取引の仕訳をしなさい。

(1) 従業員の負担すべき生命保険料¥5,000を現金で立て替え払いした。

(2) 従業員に給料¥500,000を源泉所得税¥20,000, 社会保険料¥45,000, 立替金¥5,000を差し引いて現金で支払った。

(3) 国府台不動産と賃貸借契約している店舗を解約したため, 敷金¥80,000について修繕費¥70,000を差し引き, 普通預金口座へ入金された。

(4) 商品¥30,000を売り上げ, 代金のうち¥10,000は小切手で受け取り, 残額は自治体が発行する商品券を受け取った。

(5) 従業員から預かった社会保険料¥45,000と企業負担分¥45,000を現金で納付した。

	借　　方	金　　額	貸　　方	金　　額
(1)				
(2)				
(3)				
(4)				
(5)				

第16章

貸倒れと貸倒引当金

1 ■貸倒れの発生

取引先の倒産などで売掛金や手形金額が回収できなくなることを貸倒れという。貸倒れとなった売掛金などは貸倒損失勘定（費用）として借方に記入される。

例）取引先の倒産により，当期に生じた売掛金￥50,000が回収できなくなった。

（借）貸　倒　損　失　　50,000　　（貸）売　　掛　　金　　50,000

2 ■貸倒れの見積もり

簿記では，決算においてあらかじめ貸倒れになる金額を見積もって，費用として計上しておく必要がある。貸倒れの見積もりは売掛金などの期末の残高に一定率を掛けて求められる。見積もった費用は，貸倒引当金繰入勘定（費用）の借方に記入するとともに，貸倒引当金勘定（資産の評価勘定）の貸方に記入される。

例）決算にあたり，売掛金の期末残高￥120,000に対して2％の貸倒れを見積もる。

（借）貸倒引当金繰入　　2,400　　（貸）貸　倒　引　当　金　　2,400

※貸倒引当金繰入額：￥120,000×2％＝￥2,400

貸倒れを見積もるとき，貸倒引当金の残高がある場合には，見積もった貸倒れの金額から貸倒引当金の残高を差し引いた金額を費用として計上する。このような方法を差額補充法という。差額補充法によれば，当期末の貸倒見積額よりも貸倒引当金勘定の残高の方が多い場合は，超過額を貸倒引当金勘定の借方に記入し，貸倒引当金戻入勘定（収益）を貸方に記入する。

例）決算にあたり，売掛金の期末残高￥120,000に対して2％の貸倒れを見積もる。なお，貸倒引当金の残高が￥1,000ある。差額補充法によること。

（借）貸倒引当金繰入　　1,400　　（貸）貸　倒　引　当　金　　1,400

※貸倒引当金繰入額：￥120,000×2％－￥1,000＝￥1,400

例）決算にあたり，売掛金の期末残高￥90,000に対して2％の貸倒れを見積もる。なお，貸倒引当金の残高が￥2,000ある。差額補充法によること。

（借）貸　倒　引　当　金　　200　　（貸）貸倒引当金戻入　　200

※貸倒引当金戻入額：￥90,000×2％－￥2,000＝－￥200

差額補充法の他に洗替法という方法がある。洗替法は，前期末に貸倒引当金を設定し，当期末に貸倒引当金の残高がある場合，その全額を貸倒引当金戻入勘定の貸方に記入し，当期末に設定した貸倒見積額を貸倒引当金繰入勘定の借方に記入する方法である。

例）決算にあたり，売掛金の期末残高￥120,000に対して2％の貸倒れを見積もる。なお，貸倒引

当金の残高が¥1,000ある。洗替法によること。

（借）	貸倒引当金	1,000	（貸）	貸倒引当金戻入	1,000
	貸倒引当金繰入	2,400		貸　倒　引　当　金	2,400

3 ■貸倒れの見積もりと発生

　前期以前に生じた売掛金などが貸倒れになったとき，貸倒引当金の残高がある場合には，貸倒引当金勘定で処理される。また，貸倒れとなった売掛金などが貸倒引当金の残高よりも多い場合には，貸倒引当金勘定を借方に記入するとともに，貸倒引当金の残高を超える金額を貸倒損失勘定の借方に記入する。

　貸倒引当金は期末までに発生した売掛金などに対して見積もるものであるから，当期に発生した売掛金などが貸倒れになったときは，貸倒引当金勘定ではなく，貸倒損失勘定で記入する。

　① 貸倒れの金額が，貸倒引当金の残高よりも少ないとき

　　例）取引先の倒産により，前期に生じた売掛金¥10,000が回収できなくなった。貸倒引当金の残高が¥12,000ある。

（借）	貸　倒　引　当　金	10,000	（貸）	売　　　掛　　　金	10,000

　② 貸倒れの金額が，貸倒引当金の残高よりも多いとき

　　例）取引先の倒産により，前期に生じた売掛金¥13,000が回収できなくなった。貸倒引当金の残高が¥12,000ある。

（借）	貸　倒　引　当　金	12,000	（貸）	売　　　掛　　　金	13,000
	貸　倒　損　失	1,000			

　③ 当期に発生した債権が貸倒れになったとき

　　例）取引先の倒産により，当期に生じた売掛金¥13,000が回収できなくなった。貸倒引当金の残高が¥12,000ある。

（借）	貸　倒　損　失	13,000	（貸）	売　　　掛　　　金	13,000

4 ■前期に貸倒れ処理した売上債権の全額または一部回収

　前期以前に貸倒れ処理していた受取手形，売掛金などの売上債権を当期に全額または一部回収したときは，その回収額を償却債権取立益勘定（収益）として貸方に記入を行う。

　　例）前期に貸倒れ処理していた売掛金のうち¥20,000を現金で回収した。

（借）	現　　　　　　金	20,000	（貸）	償却債権取立益	20,000

＜基本問題＞　次の取引を仕訳しなさい。

(1) 取引先の倒産により，前期に生じた売掛金¥6,000が回収できなくなった。貸倒引当金の残高が¥7,000ある。

(2) 取引先の倒産により，前期に生じた売掛金¥18,000が回収できなくなった。貸倒引当金の残高が¥15,000ある。

(3) 売掛金残高¥100,000に対して1.5％の貸倒れを見積もる。差額補充法により処理すること。貸倒引当金の残高が¥1,000ある。

(4) 取引先の倒産により，前期に生じた売掛金¥4,000が回収できなくなった。貸倒引当金の残高はない。

	借　　　方	金　　　額	貸　　　方	金　　　額
(1)				
(2)				
(3)				
(4)				

＜演習問題＞　次の取引を仕訳しなさい。

(1) 当期に生じた押上商店に対する売掛金¥3,000が回収できなくなった。貸倒引当金の残高は¥4,000ある。

(2) 前期に貸倒れ処理していた売掛金のうち¥50,000を現金で回収した。

(3) 決算にあたり，売掛金の期末残高¥180,000に対して2％の貸倒れを見積もる。なお，貸倒引当金の残高が¥4,000ある。差額補充法によること。

(4) 決算にあたり，売掛金の期末残高¥200,000に対して2％の貸倒れを見積もる。なお，貸倒引当金の残高が¥3,000ある。洗替法によること。

	借　　　方	金　　　額	貸　　　方	金　　　額
(1)				
(2)				
(3)				
(4)				

第17章

固定資産

---

1 ■固定資産の意味

　企業が長期間（1年以上）にわたって所有し，営業活動のために利用する資産を，**固定資産**という。固定資産には，土地，建物，ソフトウェアなどがあるが，これらは商品のような売買を目的とした資産とは異なり，保有し続け，長期間利用することで，さまざまな活動を可能とする。固定資産は，さらに有形固定資産，無形固定資産，投資その他の資産に区分される。

　なお，商品や現金，売掛金など，1年以内に現金化することを目的とした資産を，**流動資産**という。流動資産と固定資産は，貸借対照表では分けて記載される。

2 ■有形固定資産の種類

　有形固定資産とは，形のある固定資産である。具体的には，次のような勘定科目が該当する。

勘定科目	内　　容
建　　　　　物	本社，営業所，事務所，店舗，工場，倉庫などの建築物
備　　　　　品	事務机・椅子，陳列棚，パソコンなど
車 両 運 搬 具	自動車，トラック，オートバイ，陸上運搬具など
土　　　　　地	店舗，事務所，倉庫，駐車場などの敷地

※備品や車両運搬具は，業務で使用する営業目的の物品が該当する。
　販売目的の物品は，仕入勘定や売上勘定で処理する。

3 ■有形固定資産の取得

　有形固定資産を取得した場合は，有形固定資産が増加するので，借方に記入する。例えば，営業用の事務机を購入すれば「備品」を，営業用トラックを購入すれば「車両運搬具」を，また，土地を購入すれば「土地」を，それぞれ借方に記入する。

　　例）建物¥2,000,000を購入し，代金は小切手を振り出して支払った。

　　　（借）建　　　　物　2,000,000　　　（貸）当 座 預 金　2,000,000

　ただし，有形固定資産を取得した際には，取得原価で借方に金額を記入する。取得原価は，固定資産を取得するために要した原価であり，**付随費用**が含まれる。具体的には，次のような付随費用がある。

固定資産	付随費用となる支出
建　　　　物	不動産業者に支払う仲介手数料，登記料，改装にかかった費用など
備　　　　品	運送料（引取運賃），据付料（搬入設置費用）など
車両運搬具	購入手数料，役所への登録手数料など
土　　　　地	不動産業者に支払う仲介手数料，登記料など

　そのため，有形固定資産の取得原価は，購入代価（有形固定資産本体の購入価格）に，付随費用を合わせた金額となる。

取得原価　＝　購入代価　＋　付随費用

　例）事務机（＠¥50,000）を3台購入し，運送料¥10,000とともに，現金で支払った。

　　（借）備　　　　品　　160,000　　（貸）現　　　　金　　160,000

　また，有形固定資産を取得し，後日追加で付随費用を支払った場合は，資産の増加として該当する有形固定資産の勘定を用いて，借方に記入する。

　例）8月10日，5月1日に購入した建物の改装費用¥500,000を現金で支払った。

　　（借）建　　　　物　　500,000　　（貸）現　　　　金　　500,000

4 ■有形固定資産の売却

　有形固定資産を売却した場合は，有形固定資産が減少するので，貸方に記入する。例えば，応接セットや書棚などを売却すれば「備品」を，営業用の自動車を売却すれば「車両運搬具」を，それぞれ貸方記入する。有形固定資産は，長期にわたり保有し利用することを目的としているが，不要となれば売却することがある。

　なお，有形固定資産を売却したときは，**帳簿価額**を貸方に記入することで，資産の残高を減額する。帳簿価額とは，固定資産の売却時点における勘定残高であり，帳簿上の実質的な価値を表す。ただし，有形固定資産は保有している間に価値の減少（減価償却）が生じるおそれがあり，売却時点での帳簿価額が取得原価と一致するとは限らない（減価償却については，第18章で解説）。

　固定資産の売却によって受け取る金額（**売却価額**）と，帳簿価額との差額は，収益ないし費用として計上する。売却価額が帳簿価額を上回る場合は，**固定資産売却益**（収益）を貸方に記入し，売却価額が帳簿価額を下回る場合は，**固定資産売却損**（費用）を借方に記入する。

　例）所有していた土地（帳簿価額¥1,000,000）を¥1,200,000で売却し，代金は現金で受け取った。

　　（借）現　　　　金　　1,200,000　　（貸）土　　　　地　　1,000,000
　　　　　　　　　　　　　　　　　　　　　固定資産売却益　　200,000

　例）事務机（帳簿価額¥130,000）を¥70,000で売却し，代金は小切手で受け取った。

　　（借）現　　　　金　　70,000　　（貸）備　　　　品　　130,000
　　　　　固定資産売却損　60,000

5 ■無形固定資産の種類

無形固定資産とは，形のない固定資産である。具体的には，次のような勘定科目が該当する。

勘定科目	内　容
特　許　権	特許を受けた高度な発明を独占的に利用する権利
商　標　権	登録された商標（文字，図形，記号といったマーク）を独占的に利用する権利
ソフトウェア	コンピュータで利用するプログラムなど

6 ■無形固定資産の取得

無形固定資産を取得した場合は，無形固定資産が増加するので，借方に記入する。なお，有形固定資産と同様に，付随費用を含む取得原価を計上する。

例）特許権を¥100,000で取得し，代金は小切手を振り出して支払った。

（借）特　許　権　100,000　　（貸）当　座　預　金　100,000

例）自社で使用する目的でソフトウェアを¥35,000で購入し，代金は現金で支払った。

（借）ソフトウェア　35,000　　（貸）現　　　金　35,000

7 ■固定資産台帳

有形固定資産を管理するために作成する帳簿（補助簿）を，固定資産台帳という。固定資産台帳には，固定資産取得時の状況や，現在の帳簿価額を記入する。固定資産台帳は，定められた一定の様式がないため，企業が自社の保有する固定資産の状況に応じて作成する。

固定資産台帳（土地）

所在地	面積（m²）	取得年月日	取得価額（円）	備考
千葉県市川市国府台〇-〇〇-〇	500	×3年4月1日	35,000,000	×6年3月20日売却
東京都江戸川区北小岩××-×	200	×4年10月10日	10,000,000	
東京都台東区浅草橋△-△-△△	150	×6年2月14日	13,500,000	

固定資産台帳（備品）　　　　　　　　　　　　　×6年3月31日現在

取得年月日	名称	数量	耐用年数	取得原価（円）	帳簿価額（円）
×1年4月1日	備品A	8	10	150,000	75,000
×4年10月1日	備品B	5	6	40,000	32,500
×5年4月1日	備品C	10	4	700,000	600,000

固定資産台帳（車両運搬具）

取得年月日	名称	数量	耐用年数	取得原価（円）	帳簿価額（円）
×5年4月1日	車両A	1	6	1,500,000	1,350,000
×5年10月1日	バイクA	1	3	350,000	320,000

【第17章◆練習問題】

＜基本問題＞　次の取引を仕訳しなさい。

(1) 商品陳列棚￥120,000を購入し，設置費用￥5,000とともに現金で支払った。

(2) 営業用の自動車￥1,500,000を購入し，納車にかかった費用￥10,000とともに小切手を振り出して支払った。

(3) 所有していた建物（帳簿価額￥8,000,000）を￥7,500,000で売却し，代金は小切手で受け取った。

(4) 業務で使用するソフトウェアを￥80,000で購入し，代金は現金で支払った。

(5) 業務で使用する椅子（@￥5,000）を4脚購入し，運送料￥1,000とともに現金で支払った。

	借　　方	金　　額	貸　　方	金　　額
(1)				
(2)				
(3)				
(4)				
(5)				

<演習問題> 次の取引を仕訳しなさい。

(1) 応接セット¥150,000を購入し，設置費用¥3,000とともに現金で支払った。

(2) 店舗¥3,000,000を購入し，代金は小切手を振り出して支払った。なお，当座預金勘定の残高が¥2,800,000であり，借越限度額¥500,000の当座借越契約を結んでいる。

(3) 8月1日，土地¥30,000,000を購入し，小切手を振り出して支払った。また，仲介手数料¥1,000,000を，現金で支払った。

(4) 9月20日，店舗の改装費用¥2,000,000を現金で支払った。

(5) 11月30日，所有していた土地（帳簿価額¥31,020,000）を¥33,000,000で売却し，代金は現金で受け取った。

	借　　　方	金　　　額	貸　　　方	金　　　額
(1)				
(2)				
(3)				
(4)				
(5)				

第18章

減価償却

1■有形固定資産の減価償却の意味

有形固定資産は長期間にわたって収益獲得に貢献するが，土地を除いて，有形固定資産の収益獲得能力（製品を生産する能力など）は低下する。そこで，有形固定資産の取得原価を，**耐用年数**（それぞれの有形固定資産の使用可能期間）にわたって，規則的に各会計期間の費用として計上するとともに，有形固定資産の帳簿価額を減額する。このような手続きを，**減価償却**という。

減価償却には，適切な費用配分と正確な資産価値の計算という，2つの意味がある。

まず，有形固定資産は長期間（1年以上）にわたって所有し役立てるため，購入時に生じた取得原価は，その有形固定資産を使用する期間全体にかかる費用と捉えられる。しかし，有形固定資産を取得した会計期間に全額を費用計上すると，その後の期間は実際に有形固定資産を使用しているにもかかわらず「費用ゼロ」となってしまい，適切な損益計算ができない。そこで，減価償却を行い，使用期間全体に費用を配分する必要がある。すなわち，減価償却を行うことで，適切な損益計算書の作成が可能となる。

つぎに，一般的に有形固定資産は時間が経つにつれて劣化し，価値が低下する。その際，簿記で処理を行わないと，取得時に計上した取得原価がそのまま帳簿価額として残るため，実際の資産の価値との差が年々拡大してしまう。そこで，減価償却を行い，その時点での有形固定資産の価値と帳簿価額を一致させる必要がある。すなわち，減価償却を行うことで，正確な貸借対照表の作成が可能となる。

減価償却の計算方法には，定額法と定率法があるが，ここでは定額法のみを扱う。

2■定額法による減価償却費の計算

定額法による1年当たりの減価償却費の計算は，取得価額から残存価額（耐用年数経過後の見積り処分価額）を差し引いた金額（要償却額）を，耐用年数で割って求める。この減価償却の方法を，定額法という。

1年当たりの減価償却費　＝　（取得原価　－　残存価額）　÷　耐用年数

例えば，取得原価￥100,000，残存価額￥0，耐用年数10年の備品Aについて，減価償却費は次のように求められる。

（￥100,000　－　￥0）　÷　10年　＝　￥10,000/年

また，取得原価￥500,000，残存価額￥50,000，耐用年数5年の備品Bについて，減価償却費は次のように求められる。

（￥500,000　－　￥50,000）　÷　5年　＝　￥90,000/年

仮に，この備品Bを期首に取得し，決算で減価償却をすると，この製品の期末における帳簿価額（期末の未償却残高）は，取得原価¥500,000から減価償却費¥90,000を差し引いた¥410,000となる。次の会計期間では，期首の帳簿価額が¥410,000となり，減価償却費¥90,000を差し引いた¥320,000が，期末の帳簿価額となる。このように，毎年同じ金額の減価償却費を計上し，5回決算（減価償却）を行うと，帳簿価額は残存価額と等しくなり，減価償却は終了する。

期首に取得した備品（取得原価¥500,000　残存価額¥50,000　耐用年数5年）の定額法による減価償却

(単位：円)

会計期間	期首帳簿価額	減価償却費	期末帳簿価額
1年目	500,000	90,000	410,000
2年目	410,000	90,000	320,000
3年目	320,000	90,000	230,000
4年目	230,000	90,000	140,000
5年目	140,000	90,000	50,000

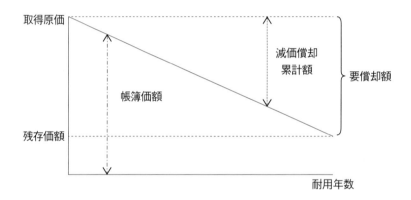

　実務では，平成19年4月1日以降に新規取得した有形固定資産について，残存価額1円まで，定額法や定率法で償却できるようになっている。

3 ■減価償却費の記帳

　1年当たりの**減価償却費**は，**費用**の勘定科目として，借方に記入する。

　減価償却費を計上した際には，有形固定資産の帳簿価額を減額するよう，貸方に記入する。その際，直接法と間接法という，2つの記入方法があるが，ここでは間接法のみを扱う。

　間接法は，有形固定資産の勘定残高は取得原価のままとし，**減価償却累計額**という有形固定資産の評価勘定（**資産のマイナス勘定**）を用いて，間接的に資産を減額する方法である。減価償却累計額は，減価償却を行うことで貸方に計上され，資産の残高を減らす，控除科目である。減価償却費の計上に際しては，借方に減価償却費について，貸方に減価償却累計額について，それぞれ記入する。

　なお，減価償却累計額に関する勘定科目は，「建物減価償却累計額」，「備品減価償却累計額」，「車両運搬具減価償却累計額」といった形で記録するのが，標準的な方法である。

例）決算につき，当期の期首に取得した車両運搬具（取得原価¥1,000,000　残存価額¥100,000　耐用年数6年）の減価償却を行った（償却方法は定額法，記帳方法は間接法による）。

（借）減 価 償 却 費　　　150,000　　　　（貸）車両運搬具減価償却累計額　　　150,000

車両運搬具	
1,000,000	

車両運搬具減価償却累計額	
	150,000

減価償却費	
150,000	

　有形固定資産の帳簿価額（未償却残高）は，取得原価から既償却高（減価償却累計額）を差し引いた金額となるため，直接法や間接法にかかわらず同じ金額になる。この例では，車両運搬具の残高（取得原価）¥1,000,000から減価償却累計額¥150,000を差し引いた金額¥850,000が，帳簿価額となる。

4 ■有形固定資産の売却

　有形固定資産売却時の記入方法は，第17章で解説したとおりである。すなわち，有形固定資産を売却した場合は，帳簿価額を貸方に記入し，売却価額との差額を**固定資産売却益**ないし**固定資産売却損**として計上する。このとき，帳簿価額は，減価償却を反映させた金額となる。

　間接法では，貸方記入する有形固定資産勘定の金額が，取得原価となる。ただし，有形固定資産の評価勘定である減価償却累計額も同時に減少するので，減価償却累計額を借方記入する。これにより，取得時から売却時まで積み立てられてきた減価償却累計額が相殺されるとともに，総体的には帳簿価額分の資産が減少したことになる。

例）1年前の期首（×1年4月1日）に購入した車両運搬具（取得原価¥1,000,000　残存価額¥100,000　耐用年数6年）を，当期の期首（×2年4月1日）に¥780,000で売却し，代金は小切手で受け取った。なお，既償却額は，¥150,000（¥150,000×1年分）である（償却方法は定額法，記帳方法は間接法による）。

（借）現　　　　　　金　　　780,000　　　（貸）車 両 運 搬 具　　　1,000,000
　　　車両運搬具減価償却累計額　　　150,000
　　　固定資産売却損　　　70,000

【前期期末＝当期期首（当初）の勘定口座】

車両運搬具	
1,000,000	

車両運搬具減価償却累計額	
	150,000

【車両運搬具売却後の勘定口座】

車両運搬具	
1,000,000	1,000,000

車両運搬具減価償却累計額	
150,000	150,000

現　　金		固定資産売却損	
780,000		70,000	

例）1年前の期首（×1年4月1日）に購入した車両運搬具（取得原価￥1,000,000　残存価額￥100,000　耐用年数6年）を，当期の期首（×2年4月1日）に￥900,000で売却し，代金は小切手で受け取った。なお，既償却額は，￥150,000（￥150,000×1年分）である（償却方法は定額法，記帳方法は間接法による）。

（借）現　　　　　金　900,000　（貸）車　両　運　搬　具　1,000,000
　　　車両運搬具減価償却累計額　150,000　　　　固定資産売却益　　50,000

【前期期末＝当期期首（当初）の勘定口座】

車両運搬具		車両運搬具減価償却累計額	
1,000,000			150,000

【車両運搬具売却後の勘定口座】

車両運搬具		車両運搬具減価償却累計額	
1,000,000	1,000,000	150,000	150,000

現　　金		固定資産売却益	
900,000			50,000

【第18章◆練習問題】

＜基本問題＞ 次の取引を仕訳しなさい。

【指定勘定科目】　現金，備品，土地，減価償却費，減価償却累計額，固定資産売却益，固定資産売却損

(1) 決算にあたり，建物の減価償却費￥500,000を計上した（記帳方法は間接法による）。

(2) 決算にあたり，期首に取得した車両運搬具（取得原価￥2,500,000　残存価額￥500,000　耐用年数5年）の減価償却を行った（償却方法は定額法，記帳方法は間接法による）。

(3) 期首に，備品（取得原価￥300,000　減価償却累計額￥240,000）を￥50,000で売却し，代金は現金で受け取った（記帳方法は間接法による）。

(4) 期首に，備品（取得原価￥300,000　減価償却累計額￥240,000）を￥80,000で売却し，代金は現金で受け取った（記帳方法は間接法による）。

(5) 期首に，前期の期首に購入した土地（取得原価￥10,000,000）を￥10,500,000で売却し，代金は現金で受け取った。

	借　　方	金　　額	貸　　方	金　　額
(1)				

(2)				
(3)				
(4)				
(5)				

<演習問題> 次の取引を仕訳しなさい。

【指定勘定科目】 現金，備品，減価償却費，減価償却累計額，固定資産売却益，固定資産売却損

(1) 決算にあたり，コピー機（取得原価：¥350,000，残存価額：¥0，耐用年数：5年，償却方法：定額法）の減価償却を行う。なお，記帳方法は間接法によること。

(2) 決算にあたり，建物（取得原価：¥3,000,000，残存価額：取得原価の10%，耐用年数：20年，償却方法：定額法）の減価償却を行う。なお，記帳方法は間接法によること。

(3) 期首に，商品配送用バイク（取得原価：¥300,000，既償却額：¥270,000，償却方法：定額法，記帳方法：間接法）を¥80,000で売却し，代金は小切手で受け取った。

(4) 期首に，商品配送用バイク（取得原価：¥300,000，既償却額：¥270,000，償却方法：定額法，記帳方法：間接法）を¥20,000で売却し，代金は小切手で受け取った。

(5) 期末に，金庫（取得原価：¥400,000，残存価額¥10,000，期首減価償却累計額：¥330,000，耐用年数：13年，償却方法：定額法）を¥30,000で売却し，代金は小切手で受け取った。なお，当期の減価償却費はすでに計上している。記帳方法は間接法によること。

	借　　方	金　　額	貸　　方	金　　額
(1)				
(2)				
(3)				
(4)				
(5)				

第19章

株式の発行・剰余金の配当および処分

1 ■株式会社

　会社を作りビジネスを始めるには，商品の仕入れ，設備への投資や従業員の雇用を行うための資金として元手が必要となる。その元手が自己の資金だけでは不足する場合には，外部の投資家から元手となる資金を調達する。具体的には，投資家は会社に対して**出資**を行い，会社は出資の割合に応じて**株式**を発行する。第2章で学習したように，このような会社は**株式会社**とよばれ，会社に出資をした投資家は**株主**となる。会社は株主からの出資額について返済義務はないが，会社が稼いだ利益の一部を配当金として株主に還元することがある。

2 ■株式会社と株主の関係（所有と経営の分離）

　法律上，株式会社の**所有権は株主**にある。そのため，会社の基本的な方針や重要事項（誰に経営を任せるか，配当金の金額など）は，株主によって決定される。これらを決定するための会議は，**株主総会**とよばれ，決算日から3カ月以内に開催される。株主総会で株式会社の経営を任された人は**取締役**とよばれ，彼らは取締役会とよばれる会議で具体的な方針を決定し，株式会社の経営を行う。このように，株式会社の所有者と経営者は別のものによって行われることを，**所有と経営の分離**とよぶ。

3 ■出資（会社設立時の資金調達）

　株式会社の設立時に，会社は株主から財産（基本的には現金）の出資を受ける。出資を受けた会社は，対価として株式を発行する。株主から現金出資を受けた場合，会社の現金が増加し，この金額は会社の元手となる。そのため，現金勘定の増加および株主からの出資額（元手）を表す**資本金**勘定の増加として仕訳を行う。

　　例）瑞穂株式会社の設立にあたり株式を発行し，¥2,000,000の出資を受け，払込金は普通預金に預け入れた。

　　（借）普 通 預 金　2,000,000　　（貸）資　　本　　金　2,000,000

4 ■増資（会社設立後の資金調達）

　株式会社設立後に新たに資金が必要となった場合には，追加で株式を発行し資金を調達する。これを**増資**という。会社設立時の出資と同様に増資により元手が増加するため，**資本金**勘定の増加として仕訳を行う。

　　例）瑞穂株式会社は取締役会において増資を決定し，新たに30株を発行した。1株当たりの払込金額は¥40,000であり，全株式について払込みを受けた。なお，払込金額はすべて当座預金に預

け入れた。

（借）当　座　預　金　1,200,000*　　（貸）資　本　金　1,200,000

＊30株×¥40,000＝1,200,000

5 ■利益剰余金の配当および処分

　利益剰余金とは，会社が稼いだ利益のうち会社内部に留保されている金額をいう。第8章で学習したとおり，各期の当期純利益が決算振替仕訳によって繰越利益剰余金となる。

　会社が稼いだ利益は株主のものであるため，利益剰余金の使途は株主総会で決定される。利益剰余金の使途は，主に利益剰余金の配当および利益剰余金の処分という2つに大別される。使途が決定した繰越利益剰余金は減少するため，借方に計上する。

(1)　利益剰余金の配当

　利益剰余金の配当とは，会社内部に留保されている金額を株主に分配することをいう。なお，株主総会で配当額を決定しても，すぐに支払いを行うわけではないので，いったん**未払配当金**として貸方に計上する。その後，配当の支払時に，未払配当金を減少させる。

　　例）瑞穂株式会社は，株主総会において利益剰余金から1株当たり¥80の配当を決定した。なお，当社の発行済株式総数は100株であり，利益準備金の積立てはゼロとする。

　　（借）繰越利益剰余金　　　8,000　　（貸）未　払　配　当　金　　　8,000

　　例）瑞穂株式会社は，上記の株主総会で決定した配当金¥8,000について，現金で支払った。

　　（借）未　払　配　当　金　　　8,000　　（貸）現　　　　　金　　　8,000

(2)　利益剰余金の処分

　利益剰余金の処分にはさまざまな使途が含まれるが，ここでは**利益準備金**の積立てを扱う。利益準備金とは，配当を行う場合に積立が法的に義務づけられている金額である。これにより，会社による過度な配当を防止し，会社内部に利益を留保することができるので，銀行などの債権者を保護することができる。

　利益準備金の積立は，配当の仕訳と同時に行い，繰越利益剰余金勘定から利益準備金に振り替える。

　　例）瑞穂株式会社は，株主総会において利益剰余金の配当¥50,000，利益準備金の積立て¥5,000を決議した。

　　（借）繰越利益剰余金　　　55,000　　（貸）未　払　配　当　金　　　50,000
　　　　　　　　　　　　　　　　　　　　　　　利　益　準　備　金　　　 5,000

<基本問題> 次の取引を仕訳しなさい。

(1) 会社の設立にあたり株式を発行し，¥700,000の出資を受け，当座預金に預け入れた。

(2) 取締役会の決議により増資を行い，¥240,000の払込みを受け，普通預金に入金された。

(3) 株主総会において利益剰余金から1株当たり¥70の配当を決定した。なお，当社の発行済株式総数は800株であり，利益準備金の積立てはゼロとする。

(4) 株主総会において利益剰余金の配当¥35,000，利益準備金の積立て¥3,500を決議した。

	借　　方	金　　額	貸　　方	金　　額
(1)				
(2)				
(3)				
(4)				

<演習問題> 次の一連の設問について仕訳を示し，繰越利益剰余金勘定に転記を行いなさい。なお，転記に際して「諸口」は用いず，繰越利益剰余金勘定の締切りは行わない。

(1) 6月22日に開催された株主総会において，繰越利益剰余金¥700,000について，次のとおり利益剰余金の配当と処分が承認された。

　　配当金　¥200,000　利益準備金　¥20,000　繰越額　¥480,000

(2) 7月15日に(1)で決議された配当金を当座預金から支払った。

(3) 3月31日に決算を迎え，当期純利益が¥300,000と算定されたため決算振替仕訳を行う。

	借　　方	金　　額	貸　　方	金　　額
(1)				
(2)				
(3)				

繰越利益剰余金

6/22		4/1	前期繰越	700,000
〃		3/31		

その他の収益と費用・訂正仕訳

1 ■その他収益と費用

ここでは，これまで示した勘定科目以外の収益と費用について確認する。

(1) その他収益
その他収益には以下のような勘定科目がある。

収益	受 取 地 代	他人への土地の賃貸に関する収入
	雑 益	特定の勘定科目が設けられていない少額の収入など

(2) その他費用
その他費用には以下のような勘定科目がある。

費用	支 払 地 代	他人からの土地の賃借に関する支出
	保 険 料	建物や営業用倉庫などのために支出する損害保険料
	保 管 費	商品などを他人の倉庫に保管した場合の支出
	雑 費	特定の勘定科目が設けられていない少額の支出
	諸 会 費	商工会議所などの加盟料や年会費などの支出

2 ■訂正仕訳

過去に誤った仕訳をしていた場合には，正しい仕訳になるよう訂正しなければならない。このときに行う仕訳を訂正仕訳という。

訂正仕訳の手順は次のとおりである。

①過去の仕訳について正しい仕訳を行う。

②誤った仕訳を行う。

③誤った仕訳の逆仕訳を行う。

④①と③の仕訳を1つにすることで訂正仕訳を行う。

例）小岩商店へ商品￥10,000を売り上げ，代金は現金で受け取っていたが，誤って売掛金として処理していた。

① 正しい仕訳を行う

（借）現　　　　金　10,000　　（貸）売　　　　上　10,000

② 誤った仕訳を行う

（借）売　掛　金　10,000　　（貸）売　　　　上　10,000

③ 誤った仕訳の逆仕訳を行う

（借）売　　　　上　10,000　　（貸）売　掛　金　10,000

④ ①と③の仕訳を１つにする

（借）現　　　　金　10,000　　（貸）売　　　　上　10,000

（借）売　　　　上　10,000　　（貸）売　掛　金　10,000

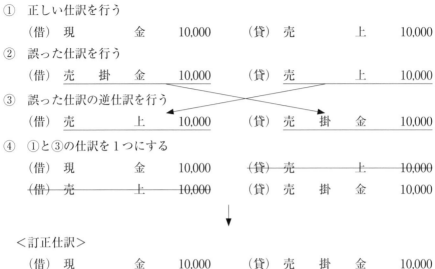

＜訂正仕訳＞

（借）現　　　　金　10,000　　（貸）売　掛　金　10,000

【第20章◆練習問題】

＜基本問題＞　次の取引を仕訳しなさい。

(1)　幕張倉庫株式会社へ商品を預けており，11月分の保管料￥2,500を現金で支払った。

(2)　中山商店から土地を賃借しており，12月分の地代￥30,000が当座預金から引き落とされた。

(3)　営業用倉庫の火災保険に加入している。12月分の火災保険料￥7,000が当座預金から引き落とされた。

(4)　商工会議所の年会費￥5,000を現金で支払った。

(5)　小岩商店へ商品￥20,000を売り上げ，代金は現金で受け取っていたが，誤って売掛金として処理していた。

	借　　方	金　　額	貸　　方	金　　額
(1)				
(2)				
(3)				
(4)				
(5)				

＜演習問題＞　次の取引を仕訳しなさい。

(1) 営業用事務所の電話代¥1,600を現金で支払った。

(2) 津田沼商店へ土地を賃貸している。12月分の地代¥9,000が当座預金に振り込まれた。

(3) 小岩商店へ商品¥8,000を売り上げ，代金を現金で受け取った際に，誤って金額を¥800と仕訳し転記していた。

(4) 旅費交通費¥600を現金で支払った際に，貸借を逆に仕訳していた。

	借　方	金　額	貸　方	金　額
(1)				
(2)				
(3)				
(4)				

第21章

収益・費用の前受け・前払いと未収・未払い

1 ■収益・費用の前受け・前払いと未収・未払い

時の経過により収益や費用の金額が決定する項目については，当期の受取りや支払いにもとづき計上された金額が，当期の収益や費用とすべき金額と異なる場合，適正な損益計算を行うことができなくなる。このため，決算時に当期の収益および費用と次期以降の収益および費用を区別し，計算を行わなければならない。

2 ■前受収益・前払費用

当期の受取額や支払額にもとづいて記帳された収益および費用の金額に，次期以降の期間に属する金額が含まれている場合，次期以降の期間に属する収益および費用の金額を控除し，負債または資産として次期へ繰り越さなければならない。

前受・前払	経過勘定	表示する財務諸表
収益の前受け	前受収益勘定（負債）	貸借対照表
費用の前払い	前払費用勘定（資産）	

なお，前受収益および前払費用は，次期以降の収益および費用のため翌期首に再び関連する収益諸勘定および費用諸勘定に記帳する。この手続を再振替えといい，ここで行う仕訳を**再振替仕訳**という。

(1) 前受収益の記帳方法

前受収益勘定は，その内容を明らかにするために**前受家賃勘定，前受地代勘定，前受利息勘定**などを使用する。また，前受収益勘定に統一して記帳する場合もある。

例）次の取引について仕訳を行い勘定口座に転記して締め切りなさい。（決算日：×2年3月31日）

×1年8月1日　瑞穂株式会社は，1年分の家賃¥12,000を現金で受け取った。

（借）現　　　　金　　12,000　　（貸）受　取　家　賃　　12,000

×2年3月31日　決算にあたり，上記家賃のうち次期分の家賃¥4,000を計上した。

（借）受　取　家　賃　　4,000　　（貸）前　受　家　賃　　4,000

×2年3月31日　当期の受取家賃¥8,000を損益勘定に振り替えた。

（借）受　取　家　賃　　8,000　　（貸）損　　　　益　　8,000

×2年4月1日　前受家賃の再振替仕訳を行った。

（借）前　受　家　賃　　4,000　　（貸）受　取　家　賃　　4,000

受 取 家 賃						前 受 家 賃				
3/31	前受家賃	4,000	8/ 1	現　金	12,000	3/31	次期繰越	4,000	3/31	受取家賃	4,000
〃	損　益	8,000				4/ 1	受取家賃	4,000	4/ 1	前期繰越	4,000
		12,000			12,000					
			4/ 1	前受家賃	4,000					

前受家賃：$¥12,000 \times \dfrac{4\,カ月}{12\,カ月} = ¥4,000$（4カ月分）

×1/8/1　　　当期の収益　　　　×2/3/31　　次期以降の収益　　×2/7/31
　　　　　　8カ月分（¥8,000）　　　　　　　　4カ月分（¥4,000）
家賃の受取り　　　　　　　　　　決　算　　　前　受　分

(2)　前払費用の記帳方法

　前払費用勘定は，その内容を明らかにするために**前払保険料勘定**，**前払家賃勘定**，**前払地代勘定**，**前払利息勘定**などを使用する。また，前払費用勘定に統一して記帳する場合もある。

　　例）次の取引について仕訳を行い勘定口座に転記して締め切りなさい。（決算日：×2年3月31日）

　　　×1年8月1日　瑞穂株式会社は，1年分の保険料¥12,000を現金で支払った。

　　　（借）保　険　料　　12,000　　　（貸）現　　　金　　12,000

　　　×2年3月31日　決算にあたり，上記保険料のうち次期分の保険料¥4,000を計上した。

　　　（借）前 払 保 険 料　　4,000　　　（貸）保　険　料　　　4,000

　　　×2年3月31日　当期の保険料¥8,000を損益勘定に振り替えた。

　　　（借）損　　　益　　8,000　　　（貸）保　険　料　　　8,000

　　　×2年4月1日　前払保険料の再振替仕訳を行った。

　　　（借）保　険　料　　4,000　　　（貸）前 払 保 険 料　　4,000

保 　険 　料						前 払 保 険 料				
8/ 1	現　金	12,000	3/31	前払保険料	4,000	3/31	保険料	4,000	3/31	次期繰越	4,000
			〃	損　益	8,000	4/ 1	前期繰越	4,000	4/ 1	保険料	4,000
		12,000			12,000					
4/ 1	前払保険料	4,000								

前払保険料：$¥12,000 \times \dfrac{4\,カ月}{12\,カ月} = ¥4,000$（4カ月分）

×1/8/1　　　当期の費用　　　　×2/3/31　　次期以降の費用　　×2/7/31
　　　　　　8カ月分（¥8,000）　　　　　　　　4カ月分（¥4,000）
保険料の支払い　　　　　　　　　決　算　　　前　払　分

3 ■未収収益と未払費用

当期に現金などの受取りおよび支払いがないため，帳簿に記帳されていない収益および費用で，次期以降に現金の支払いおよび受取りがある場合，当期の収益および費用に対応する金額を記帳して加算し，資産または負債として次期へ繰り越さなければならない。

未収・未払い	経過勘定	表示する財務諸表
収益の未収	未収収益勘定（資産）	貸借対照表
費用の未払い	未払費用勘定（負債）	

なお，未収収益や未払費用について実際に支払いや受取りが行われるのは，次期以降であるため，その時点で全額が次期以降の収益および費用として記帳される。そこで翌期首に再振替仕訳を行うことにより，未収収益や未払費用に計上した金額が控除できる。

(1) 未収収益の記帳方法

未収収益勘定は，その内容を明らかにするため，**未収利息勘定**，**未収家賃勘定**，**未収地代勘定**，**未収手数料勘定**などを使用する。また，未収収益勘定に統一して記帳する場合もある。

例）次の取引について仕訳を行い，勘定口座に転記して締め切りなさい。（決算日：×2年3月31日）

×1年6月1日　瑞穂株式会社は，舞浜商店へ貸付期間は2年間，利率は年3％，利息は毎年5月末に受け取る契約で現金¥100,000を貸し付けた。

（借）貸　付　金　100,000　（貸）現　　　　金　100,000

×2年3月31日　決算にあたり，当期の利息未収額¥2,500を計上する。

（借）未　収　利　息　2,500　（貸）受　取　利　息　2,500

×2年3月31日　当期の受取利息¥2,500を損益勘定へ振り替えた。

（借）受　取　利　息　2,500　（貸）損　　　　益　2,500

×2年4月1日　未収利息の再振替仕訳を行った。

（借）受　取　利　息　2,500　（貸）未　収　利　息　2,500

×2年5月31日　1年分の利息¥3,000を現金で受け取った。

（借）現　　　　金　3,000　（貸）受　取　利　息　3,000

受取利息			
3/31 損　　益	2,500	3/31 未収利息	2,500
4/1 未収利息	2,500	5/31 現　　金	3,000

未収利息			
3/31 受取利息	2,500	3/31 次期繰越	2,500
4/1 前期繰越	2,500	4/1 受取利息	2,500

未収利息：¥100,000 × 3 ％ ＝ ¥3,000（1年分）　　$¥3,000 × \dfrac{10 カ月}{12 カ月} = ¥2,500$（10カ月分）

(2) 未払費用の記帳方法

未払費用勘定は，その内容を明らかにするため，**未払利息勘定**，**未払家賃勘定**，**未払地代勘定**などを使用する。また，未払費用勘定に統一して記帳する場合もある。

例）次の取引について仕訳を行い勘定口座に転記して締め切りなさい。（決算日：×2年3月31日）

×1年6月1日　瑞穂株式会社は，取引銀行から借入期間は2年間，利率は年3%，利息は毎年
　　　　　　　　5月末に支払う契約で現金¥100,000を借り入れた。

　（借）現　　　　　金　　100,000　　　（貸）借　入　金　　100,000

×2年3月31日　決算にあたり，当期の利息未払額¥2,500を計上する。

　（借）支　払　利　息　　2,500　　　（貸）未　払　利　息　　2,500

×2年3月31日　当期の支払利息¥2,500を損益勘定へ振り替えた。

　（借）損　　　　　益　　2,500　　　（貸）支　払　利　息　　2,500

×2年4月1日　未払利息の再振替仕訳を行った。

　（借）未　払　利　息　　2,500　　　（貸）支　払　利　息　　2,500

×2年5月31日　1年分の利息¥3,000を現金で支払った。

　（借）支　払　利　息　　3,000　　　（貸）現　　　　　金　　3,000

支　払　利　息			
3/31	未払利息 2,500	3/31	損　益 2,500
5/31	現　金 3,000	4/1	未払利息 2,500

未　払　利　息			
3/31	次期繰越 2,500	3/31	支払利息 2,500
4/1	支払利息 2,500	4/1	前期繰越 2,500

未払利息：¥100,000 × 3% = ¥3,000（1年分）　　　$¥3,000 × \dfrac{10カ月}{12カ月} = ¥2,500$（10カ月分）

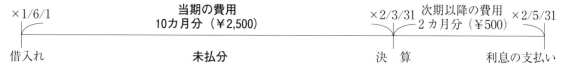

4 ■貯蔵品

郵便切手や収入印紙は，購入時に全額を適切な費用勘定として処理する。しかし，決算日において，未使用の郵便切手や印紙がある場合には，これを貯蔵品勘定（資産）に振り替えなければならない。この処理を行うことで，当期使用した分が当期の費用として計上され，当期未使用分は資産として次期へ繰り越すことになる。

例）次の取引について仕訳を行いなさい。

×1年10月10日　郵便切手¥6,000を現金で購入した。

（借）通　信　費　　6,000　（貸）現　　　　金　　6,000

×2年3月31日　決算にあたり未使用の郵便切手は¥1,000であった。（決算日：×2年3月31日）

（借）貯　蔵　品　　1,000　（貸）通　信　費　　1,000

貯　蔵　品			
3/31 通 信 費 1,000		3/31 次期繰越 1,000	

通　信　費			
10/10 現　　金 6,000		3/31 貯蔵品 1,000	
		〃 損　益 5,000	

例）次の取引について仕訳を行いなさい。

×1年10月10日　収入印紙¥6,000を現金で購入した。

（借）租　税　公　課　　6,000　（貸）現　　　　金　　6,000

×2年3月31日　決算にあたり収入印紙の未使用高は¥1,000であった。（決算日：×2年3月31日）

（借）貯　蔵　品　　1,000　（貸）租　税　公　課　　1,000

貯　蔵　品			
3/31 租税公課 1,000		3/31 次期繰越 1,000	

租　税　公　課			
10/10 現　　金 6,000		3/31 貯蔵品 1,000	
		〃 損　益 5,000	

【第21章◆練習問題】

＜基本問題＞

決算（×2年3月31日）にあたり，以下の決算整理事項について決算整理仕訳をしなさい。

(1)　保険料の前払分（未経過分）¥7,000を計上する。

(2)　受取家賃の前受分（未経過分）¥50,000を計上する。

(3)　利息の未払分¥3,000を計上する。

(4)　利息の未収分¥2,000を計上する。

(5)　郵便切手の未使用高は¥1,500であった。

(6)　収入印紙の未使用高は¥300であった。

	借　　方	金　　額	貸　　方	金　　額
(1)				
(2)				
(3)				

	借　　方	金　　額	貸　　方	金　　額
(4)				
(5)				
(6)				

<演習問題>

決算（×2年3月31日）にあたり，以下の決算整理事項について決算整理仕訳をしなさい。

(1) 当期の12月1日に，向こう1年分の保険料￥24,000を支払っている。

(2) 当期の12月1日に，向こう6カ月の家賃￥36,000を受け取っている。

(3) 当期の12月1日に，土地賃借契約（契約期間1年，年額￥84,000）を結び，地代は契約期間満了日に受け取ることになっている。

(4) 当期の1月1日に，取引銀行から借入期間は5年間，利率は年2％，利息は毎年11月末に支払う契約で現金￥200,000を借り入れた。

(5) 収入印紙の使用高は￥18,500であった。なお当期中に収入印紙￥20,000を購入している。

	借　　方	金　　額	貸　　方	金　　額
(1)				
(2)				
(3)				
(4)				
(5)				

第22章

証　憑

1 ■証　憑
<small>しょうひょう</small>

　証憑とは，取引の証拠となる書類であり，納品書，請求書，領収証，売上票，振込依頼書などがある。これらの証憑から，取引の発生を確かめることができ，簿記一巡における情報の流れの出発点となる。これらの証憑類にもとづき取引の分析が行われ，借方記入と貸方記入が決定される。

証　　憑	内　　容
納　品　書	注文を受けた側（売り手）が，相手（買い手）の注文した商品などの品目，数量，単価，金額を記載して作成する。
請　求　書	注文を受けた側（売り手）が，相手（買い手）の注文した商品などの品目，数量，単価，金額を記載して作成し，代金を請求するときに用いる。
領　収　証	請求書などに記載された金額の決済が完了したことを証明する。領収証には印紙税法により，代金に応じて収入印紙を貼り消印をする。
売　上　票 （売上集計表）	1日，1週間，1カ月など，一定期間の販売実績をまとめたものであり，現金売上やクレジット・カード売上など詳細に売上状況が明らかになる。
振込依頼書	相手方の預金口座に金銭を振り込むときに用いる。金融機関などで作成するが，普通預金には振込限度額が設定される場合がある。
入出金明細表	普通預金・当座預金などの預金に関する入出金が明らかとなる証憑であり，インターネット上でも確認することができる。

　　例）松戸商店から商品を仕入れ，品物とともに納品書を受け取り，代金は後日支払うこととした。
　　　　なお，納品書と請求書の内容は金額も含めて一致している。

納　品　書

瑞穂株式会社　御中

松　戸　商　店

品　　物	数　　量	単　　価	金　　額
ピーナッツ	10キロ	￥1,850	￥　　18,500
梨	6キロ	￥1,200	￥　　7,200
		合　　計	￥　　25,700

　　（借）仕　　　　　入　　25,700　　（貸）買　掛　金　　25,700

例）小岩商店に対する1カ月分の売上（月末締め，翌月20日払い）を集計して次の請求書の原本を発送した。なお，得意先に対する売上は商品発送時ではなく1カ月分まとめて仕訳を行っている。

<table>
<tr><td colspan="5" align="center">請　求　書（控え）</td></tr>
<tr><td colspan="5" align="right">請求書No.×××</td></tr>
<tr><td colspan="5" align="right">請求日　×1年4月30日</td></tr>
<tr><td colspan="5">小 岩 商 店　御中</td></tr>
<tr><td colspan="5" align="right">瑞穂株式会社</td></tr>
<tr><td align="center">品　　　物</td><td align="center">数　　量</td><td align="center">単　　価</td><td align="center" colspan="2">金　　額</td></tr>
<tr><td>スイカ</td><td align="center">50袋</td><td align="center">¥4,000</td><td>¥</td><td align="right">200,000</td></tr>
<tr><td>ビワゼリー</td><td align="center">20ケース</td><td align="center">¥1,000</td><td>¥</td><td align="right">20,000</td></tr>
<tr><td colspan="3" align="center">合　　計</td><td>¥</td><td align="right">220,000</td></tr>
</table>

×1年5月20日までに合計額を下記の口座へお振込み下さい。
市川銀行　○○支店　普通　2134567　ミズホカブシキガイシャ

　　（借）売　掛　金　220,000　　（貸）売　　　　　上　220,000

例）6月20日に従業員が帰社し，下記の領収証が提示された。なお，当社では，従業員の出張に係る費用については従業員が一時的に立て替えを行い，帰社後に出張旅費の立替分の現金清算および記帳（仕訳）を行っている。

<table>
<tr><td colspan="2" align="right">No.×××</td></tr>
<tr><td colspan="2" align="center">領　　収　　証</td><td align="right">×1年6月1日</td></tr>
<tr><td>瑞穂株式会社　様</td><td></td><td></td></tr>
<tr><td colspan="3" align="center">¥　　18,000※</td></tr>
<tr><td colspan="3">但し，乗車券類代
として，上記金額を受領しました。</td></tr>
<tr><td colspan="3" align="right">日の丸旅客鉄道株式会社（公印省略）</td></tr>
<tr><td colspan="3" align="right">下総仲山駅発行　取扱者（捺印省略）</td></tr>
</table>

　　（借）旅　費　交　通　費　18,000　　（貸）現　　　　　金　18,000

例）本日の業務が終了し，売上の集計をしたところ，集計結果は次のとおりであった。また，合計額のうち¥6,000は，クレジット・カードによる売上で，残りは現金売上である。クレジット・カードの信販会社に手数料として売上代金の4％を支払い，手数料は売上集計表を作成した時点で計上し信販会社に対する債権から控除する。

売　上　集　計　表

×1年3月1日

売　上　内　訳	数　量	単　価	金　額
落花生	10	¥1,000	¥　　10,000
ジャム詰め合わせ	15	¥1,200	¥　　18,000
ドリンク	30	¥　600	¥　　18,000
		合　　計	¥　　46,000

（借）現　　　　金　　40,000　　（貸）売　　　　　上　　46,000
　　　クレジット売掛金　　5,760
　　　支　払　手　数　料　　　240

例）4月1日に事務所の賃貸借契約を行い，下記の振込依頼書どおりに当社の普通預金口座から振り込み，賃借を開始した。仲介手数料は，支払手数料として処理する。

振　込　依　頼　書

瑞穂株式会社　御中

国府台不動産株式会社

ご契約ありがとうございます。以下の金額を下記口座へお振込みください。

内　　容	金　　額
敷　　金	¥　　60,000
初月賃料	¥　100,000
仲介手数料	¥　　25,000
合　　計	¥　185,000

市川銀行　○○支店　当座　2134567　コウノダイフドウサン（カ

（借）差　入　保　証　金　　60,000　　（貸）普　通　預　金　　185,000
　　　支　払　家　賃　　100,000
　　　支　払　手　数　料　　25,000

例）取引銀行のインターネットバンキングサービスから普通預金口座のweb通帳（入出金明細）を参照したところ，次のとおりであった。押上商店とは，商品売買をすべて掛け取引で行っている。

入 出 金 明 細				
日 付	内 容	出金金額	入金金額	取引残高
10.23	振込 オシアゲショウテン*		¥29,500	省 略

*10月23日の入金は，当店負担の手数料¥500が差し引かれたものである。

（借）普 通 預 金　　29,500　　（貸）売　掛　金　　30,000
　　　支 払 手 数 料　　　500

【第21章◆練習問題】

＜基本問題＞

　押上商店に対する1カ月分の売上（月末締め，翌月20日払い）を集計して次の請求書の原本を発送した。なお，得意先に対する売上は商品発送時ではなく1カ月分まとめて仕訳を行っている。

請　求　書（控え）

請求日　×1年4月30日

押 上 商 店　御中

瑞穂株式会社

品　　物	数　　量	単　　価	金　　額
スイカ	10袋	¥4,000	¥　　40,000
ビワゼリー	5ケース	¥1,000	¥　　5,000
		合　　計	¥　　45,000

×1年5月20日までに合計額を下記の口座へお振込み下さい。

市川銀行　○○支店　普通　2134567　ミズホカブシキガイシャ

借　　方	金　　額	貸　　方	金　　額

＜演習問題＞

　　本日の業務が終了し，売上の集計をしたところ，集計結果は次のとおりであった。また，合計額のうち¥4,000は，クレジット・カードによる売上で，残りは現金売上である。クレジット・カードの信販会社に手数料として売上代金の３％を支払い，手数料は売上集計表を作成した時点で計上し信販会社に対する債権から控除する。

<table>
<tr><td colspan="4" align="center">売　上　集　計　表</td></tr>
<tr><td colspan="4" align="right">×1年３月１日</td></tr>
<tr><td align="center">売　上　内　訳</td><td align="center">数　量</td><td align="center">単　価</td><td align="center">金　額</td></tr>
<tr><td>おはぎセット</td><td align="center">30</td><td align="right">¥1,200</td><td align="right">¥　　36,000</td></tr>
<tr><td>ドリンク</td><td align="center">60</td><td align="right">¥　800</td><td align="right">¥　　48,000</td></tr>
<tr><td></td><td colspan="2" align="center">合　　計</td><td align="right">¥　　84,000</td></tr>
</table>

<table>
<tr><td align="center">借　　方</td><td align="center">金　　額</td><td align="center">貸　　方</td><td align="center">金　　額</td></tr>
<tr><td></td><td></td><td></td><td></td></tr>
<tr><td></td><td></td><td></td><td></td></tr>
<tr><td></td><td></td><td></td><td></td></tr>
</table>

消費税と法人税等

1■消費税とは

　消費税は，商品を購入したり，サービスの提供を受けた消費者（個人・法人）が負担し，事業者（個人・法人）が納める税金をいう。事業者は，売上高に係る消費税を**仮受消費税**（負債）として預かり，仕入等の費用で支払った消費税を**仮払消費税**（資産）として仕訳を行う。これを「税抜処理方式」という。

　決算では，仮受消費税と仮払消費税との残高を相殺して，差額を納税する。納税期間は，決算日から2カ月以内となっている。したがって，決算書を作成するときには，まだ消費税は納めていないので，未払消費税（負債）という勘定を使用する。

　例）次の一連の取引を仕訳しなさい。

・5月3日　瑞穂株式会社は，松戸商店から商品¥11,000（税込価格）を仕入れ，代金を現金で支払った。なお，消費税率は10%である。

　（借）仕　　　　　入　　10,000　　（貸）現　　　　　金　　11,000
　　　　仮 払 消 費 税　　 1,000

　※税込価格における仮払消費税の求め方

$$¥11,000×\frac{10}{110}=¥1,000（仕入金額は税抜価格になる）$$

・10月10日　瑞穂株式会社は，小岩商店に商品¥220,000（税込価格）を売り上げ，代金は現金で受け取った。

　（借）現　　　　　金　　220,000　　（貸）売　　　　　上　　200,000
　　　　　　　　　　　　　　　　　　　　　仮 受 消 費 税　　 20,000

　※税込価格における仮受消費税の求め方

$$¥220,000×\frac{10}{110}=¥20,000（売上金額は税抜価格になる）$$

・3月31日　決算につき，仮払消費税¥1,000と仮受消費税¥20,000を相殺し，納付額を確定する。（消費税は税抜処理方式）

　（借）仮 受 消 費 税　　20,000　　（貸）仮 払 消 費 税　　 1,000
　　　　　　　　　　　　　　　　　　　　　未 払 消 費 税　　19,000

・5月28日　消費税の申告書を提出したのち，郵便局で消費税を現金で納付した。

　（借）未 払 消 費 税　　19,000　　（貸）現　　　　　金　　19,000

2 ■法人税等とは

　株式会社は，法律によって人間と同様に契約を締結する法的権利や税金を納める義務が発生する。法律では，人間は「自然人」と定義され，株式会社などの組織は「法人」と定義されている。

　株式会社などの法人は，事業年度（通常は1年間）において稼いだ税引前当期純利益に対して法人税，住民税，事業税（以下，法人税等とする。）が課される。法人税等は，決算日から2カ月以内に法人税の申告書を税務署へ提出して納税しなければならない。期限を過ぎて納税すると罰金が加算される。仮に法人税の申告書の提出をせずに納付すると無申告になる。これもペナルティの対象となるので注意しなければならない。

　法人税等の勘定科目は「**法人税，住民税及び事業税**」（費用）もしくは「**法人税等**」を使用する。法人税等の税額計算は，決算日の税引前当期純利益に対して何%という税率を掛けて計算を行う。この当期純利益とは，総収入（売上，雑収入など）から総費用（売上原価，給料，水道光熱費，雑費など）を差し引いた額をいう。

　　例）次の資料にもとづいて税引前当期純利益および法人税等の額を計算しなさい。なお，法人税等の税率は30%とする。

　　　売上高¥1,000,000，売上原価¥300,000，給料¥300,000，水道光熱費¥50,000

税引前当期純利益	¥	350,000
法　人　税　等	¥	105,000

¥1,000,000 − ¥650,000（売上原価¥300,000，給料¥300,000，水道光熱費¥50,000）
　（総収益）　　（総費用）
＝ ¥350,000
　（税引前当期純利益）

法人税等の税額の計算は以下のとおりである。

¥350,000×30% = ¥105,000（法人税等の税額）
（税引前当期純利益）

※ここで計算された税額は，損益計算書に費用として計上するものである。決算書を作成した時点では，法人税等は納付していないため，以下のように仕訳を行う。法人税等勘定（費用）を借方に記入し，未払法人税等勘定（負債）を貸方に記入する。

（借）法　人　税　等　×××　　（貸）未払法人税等　×××

　法人税等は，高額になるため国家財政上の問題から，事業年度の途中に6カ月分の概算額を見積り計算し納付しなければならない。これを中間納付（予定納付または予定納税）という。実務では，税務署から納付書が送付される。つまり，企業で見積り計算する必要はない。予定納税を行った場合，**仮払法人税等**（資産）を借方に記入する。

（借）仮　払　法　人　税　等　×××　　（貸）現　　　金　×××

また，予定納税を行っていた場合は，決算時には未払法人税の額を調整する必要がある。

（借）法　人　税　等　×××　　（貸）仮 払 法 人 税 等　×××
　　　　　　　　　　　　　　　　　　　未 払 法 人 税 等　×××

　つまり，中間納付を行っていた場合，未払法人税等の額は，中間納付分少なくなる。

例）次の一連の取引を仕訳しなさい。

10月1日　瑞穂株式会社は，中間申告を行い，前事業年度の法人税等2分の1相当額¥500,000を，現金で納付した。

（借）仮 払 法 人 税 等　500,000　　（貸）現　　　　　金　500,000

3月31日　決算の結果，法人税等が¥800,000と計算された。上記の中間納付額を差し引いた金額を未払分として計上した。

（借）法 　人 　税 　等　800,000　　（貸）仮 払 法 人 税 等　500,000

未 払 法 人 税 等　300,000

5月31日　確定申告を税務署へ提出したのち，未払分について現金で納めた。

（借）未 払 法 人 税 等　300,000　　（貸）現　　　　　金　300,000

【第23章◆練習問題】

＜基本問題＞

以下の一連にわたる取引について仕訳しなさい。なお，消費税率は10％とする。

(1) 商品¥80,000（税抜価格）を仕入れ，消費税¥8,000とともに代金は現金で支払った。

(2) 商品¥100,000（税抜価格）を売り上げ，消費税¥10,000を含め代金は掛けとした。

(3) 決算を行い，(1)と(2)の消費税額から納付額を確定した。

(4) 消費税申告書の提出が完了したので，(3)で確定した消費税の納付額を現金で納めた。

(5) 瑞穂株式会社は，3月末の決算を行い，法人税等を計算したら900,000円となった。すでに中間納付¥200,000を納付している。

(6) 税務署へ法人税の申告書を提出したのち，税務署窓口で(5)の未払法人税等を現金で納付した。

(7) 中間申告書を提出したのち，中間納付として¥450,000を現金で納付した。

	借　　方	金　　額	貸　　方	金　　額
(1)				
(2)				
(3)				
(4)				
(5)				
(6)				
(7)				

＜演習問題＞

　以下の一連の取引について仕訳しなさい。なお，消費税率は10％とする。また，(5)から(7)の取引については各勘定口座に日付，相手勘定科目，金額を記入し締切りも行うこと。事業年度（会計期間）は×1年4月1日から×2年3月31日とする。

(1)　商品¥550,000を仕入れ，代金は掛けとした。（消費税は税込価格）

(2)　商品¥880,000を販売し，代金は手形で受け取った。（消費税は税込価格）

(3)　決算を行い，(1)と(2)の消費税額から納付額を確定した。

(4)　消費税申告書の提出が完了したので，(3)で確定した消費税の納付額を現金で納めた。

(5)　10月1日に瑞穂株式会社は，郵便局で中間納税として¥300,000を現金で納めた。

(6)　3月31日の決算にあたり，法人税等の額を計算したところ¥800,000となった。

(7)　5月31日に法人税の申告後，銀行で法人税等を現金で納付した。

	借　　方	金　　額	貸　　方	金　　額
(1)				
(2)				
(3)				
(4)				
(5)				
(6)				
(7)				

総勘定元帳（略式）

仮払法人税等	1

未払法人税等	2

法　人　税　等	3

決算の全体像

1■仕入勘定で行う売上原価の計算

　企業には，売上総利益，営業利益，経常利益などさまざまな利益がある。売上総利益（粗利）は，本業での大本の利益であり，この利益がいくらであるかを把握することが経営管理上重要となる。

　　売　　　上　－　売上原価　＝　売上総利益

売上原価は，仕入勘定で計算する。そのために下記の仕訳を行う。

売上原価算定のための決算整理仕訳
期首商品棚卸高：（借）　仕　　　入　　×××　　（貸）　繰越商品　　×××
期末商品棚卸高：（借）　繰越商品　　×××　　（貸）　仕　　　入　　×××

上記仕訳により，残高の意味は下記のとおりである。

仕入勘定の残高　　　→　売上原価となる。

繰越商品勘定の残高　→　期末商品棚卸高

計算式で表示すると

売上原価　＝　期首商品棚卸高　＋　当期商品仕入高　－　期末商品棚卸高

2■精算表の意味

　決算を行う前に，試算表を作成し，勘定記録の正確性を確認する。その後，決算整理を行う。試算表の数値を，決算整理により修正後，貸借対照表および損益計算書の作成に取りかかる。この過程を一覧表にしたものが8桁精算表である。

	精　算　表　　×1年 3 月31日								（単位：円）
勘 定 科 目	残高試算表		整 理 記 入		損益計算書		貸借対照表		
	借　方	貸　方	借　方	貸　方	借　方	貸　方	借　方	貸　方	

3 ■精算表の作成方法

決算整理項目ごとに記入方法を解説する。

(1)　期末商品棚卸高

期首商品棚卸高　¥100,000　　当期純仕入高　¥300,000　　期末商品棚卸高　¥50,000

《決算整理仕訳》

① 期首商品棚卸高：（借）　仕　　　　　　　　入　　100,000　　（貸）　繰　越　商　品　　100,000
② 期末商品棚卸高：（借）　繰　越　商　品　　50,000　　（貸）　仕　　　　　　　　入　　50,000

精　算　表　　×1年 3 月31日									（単位：円）
勘 定 科 目	残高試算表		整 理 記 入		損益計算書		貸借対照表		
	借　方	貸　方	借　方	貸　方	借　方	貸　方	借　方	貸　方	
繰　越　商　品	100,000		②50,000	①100,000			50,000		
仕　　　　　　　入	300,000		①100,000	②50,000	350,000				

売上原価

算定方法　⇒　¥100,000（期首商品棚卸高）+ ¥300,000（当期純仕入高）- ¥50,000（期末商品棚卸高）
　　　　　　　= ¥350,000

(2)　貸倒引当金

売掛金期末残高　¥50,000　　貸倒引当金期末残高（決算整理前）　¥1,000

売掛金期末残高に対して 3 ％の貸倒引当金を設定（差額補充法）

《決算整理仕訳》

¥50,000（売掛金期末残高）× 3 ％ = ¥1,500

貸倒引当金繰入額の計算

¥1,500 - ¥1,000（貸倒引当金期末残高）= ¥500

　　（借）　貸 倒 引 当 金 繰 入　　　500　　（貸）　貸 倒 引 当 金　　　500

精　算　表
×1年3月31日
（単位：円）

勘定科目	残高試算表		整理記入		損益計算書		貸借対照表	
	借　方	貸　方	借　方	貸　方	借　方	貸　方	借　方	貸　方
売　掛　金	50,000						50,000	
貸倒引当金		1,000		500				1,500
貸倒引当金繰入			500		500			

(3)　減価償却（間接法・定額法）

　　備品：取得原価　¥50,000　減価償却費　¥10,000

　　≪決算整理仕訳≫

　　　　（借）減価償却費　　10,000　　（貸）減価償却累計額　　10,000

精　算　表
×1年3月31日
（単位：円）

勘定科目	残高試算表		整理記入		損益計算書		貸借対照表	
	借　方	貸　方	借　方	貸　方	借　方	貸　方	借　方	貸　方
備　　品	50,000						50,000	
減価償却累計額		10,000		10,000				20,000
減価償却費			10,000		10,000			

(4)　収益・費用の前受け・前払いと未収・未払い

　　≪決算整理仕訳≫

　　　① （借）未収手数料　　10,000　　（貸）受取手数料　　10,000
　　　② （借）受取家賃　　　20,000　　（貸）前受家賃　　　20,000
　　　③ （借）前払保険料　　30,000　　（貸）支払保険料　　30,000
　　　④ （借）支払利息　　　 4,000　　（貸）未払利息　　　 4,000

精算表
×1年3月31日 （単位：円）

勘定科目	残高試算表		整理記入		損益計算書		貸借対照表	
	借 方	貸 方	借 方	貸 方	借 方	貸 方	借 方	貸 方
受 取 手 数 料		30,000		①10,000		40,000		
受 取 家 賃		50,000	②20,000			30,000		
保 険 料	100,000			③30,000	70,000			
支 払 利 息	6,000			④4,000	10,000			
〜〜〜〜〜								
未 収 手 数 料			①10,000				10,000	
前 受 家 賃				②20,000				20,000
前 払 保 険 料			③30,000				30,000	
未 払 利 息				④4,000				4,000

⑸ 消費税

≪決算整理仕訳≫

（借） 仮 受 消 費 税　350,000　　　（貸）　仮 払 消 費 税　100,000
　　　　　　　　　　　　　　　　　　　　　未 払 消 費 税　250,000

精算表
×1年3月31日 （単位：円）

勘定科目	残高試算表		整理記入		損益計算書		貸借対照表	
	借 方	貸 方	借 方	貸 方	借 方	貸 方	借 方	貸 方
仮 払 消 費 税	100,000			100,000				
仮 受 消 費 税		350,000	350,000					
未 払 消 費 税				250,000				250,000

⑹ 法人税等の額

法人税等は税率30％で計上する。なお，当期の中間納付は仮払法人税等を用いて納めている。

考え方と手順

① 決算整理をひととおり行い，損益計算において税引前当期純利益の額を確定させる。

¥800,000（総収入）－¥500,000（総費用等）＝¥300,000（税引前当期純利益）

② 法人税率を税引前当期純利益に掛け，法人税等の額を計算する。

¥300,000（税引前当期純利益）×30％（法人税率）＝¥90,000　（法人税等の額）

③ 仮払法人税等において中間分（予定納税）がある場合は，法人税等から中間分を差し引いた額

を未払法人等として仕訳する。

¥90,000（法人税等の額）－¥30,000（仮払法人税等）＝¥60,000（未払法人税等）

≪決算整理仕訳≫

（借）	法 人 税 等	90,000	（貸）	仮 払 法 人 税 等	30,000
				未 払 法 人 税 等	60,000

精　算　表

×1年3月31日

（単位：円）

勘 定 科 目	残高試算表		整 理 記 入		損 益 計 算 書		貸借対照表	
	借 方	貸 方	借 方	貸 方	借 方	貸 方	借 方	貸 方
仮 払 法 人 税 等	30,000			30,000				
売 上		800,000				800,000		
経 費 等 合 計	500,000				500,000			
〰〰〰〰〰	〰〰〰	〰〰〰	〰〰〰	〰〰〰	〰〰〰	〰〰〰	〰〰〰	〰〰〰
法 人 税 等			90,000		90,000			
未 払 法 人 税 等				60,000				60,000
当 期 純 利 益					210,000			210,000

※当期純利益は，法人税等も費用計上するので，¥300,000（税引前当期純利益）ではなく，¥300,000から¥90,000（法人税等）を差し引いた¥210,000となる。

【第24章◆練習問題】

＜基本問題＞

以下の資料にもとづいて，精算表を作成しなさい。会計期間は×3年4月1日から×4年3月31日とする。

＜資 料＞ 決算修正事項

(1) 売掛金¥100,000が当座預金に振り込まれていたが，この取引が未処理であった。

(2) 現金過不足の原因を調査したところ，通信費¥15,000であることが判明した。残額は原因不明のため，雑損または雑益として処理する。

(3) 従業員が出張から帰社し，旅費交通費を精算し，¥7,000の返金を受けた。出張の際に旅費概算額として¥70,000を仮払していた。

(4) 売掛金の期末残高に対して2％の貸倒引当金を設定する。（差額補充法）

(5) 期末商品棚卸高は，¥28,000である。売上原価は仕入勘定で算定している。

(6) 建物に対して定額法（残存価額はゼロ，耐用年数10年）により減価償却を行う。

(7) 消費税の処理をする。

(8) 保険料の前払分が¥20,000ある。

精　算　表

勘定科目	残高試算表		整理記入		損益計算書		貸借対照表	
	借　方	貸　方	借　方	貸　方	借　方	貸　方	借　方	貸　方
現　　　　　金	100,000							
現 金 過 不 足	18,000							
当 座 預 金	50,000							
売　掛　金	120,000							
繰 越 商 品	15,000							
仮 払 消 費 税	12,300							
仮　払　金	70,000							
建　　　　　物	200,000							
買　掛　金		20,000						
仮 受 消 費 税		27,500						
貸 倒 引 当 金		100						
減 価 償 却 累 計 額		20,000						
資　本　金		300,000						
繰 越 利 益 剰 余 金		39,200						
売　　　　　上		475,000						
給　　　　　料	125,000							
仕　　　　　入	88,000							
保　険　料	28,500							
旅 費 交 通 費	35,000							
通　信　費	20,000							
	881,800	881,800						
貸 倒 引 当 金 繰 入								
未 払 消 費 税								
減 価 償 却 費								
前 払 保 険 料								
雑　　　　　損								
当 期 純 利 益								

<演習問題>

　以下の資料にもとづいて，精算表を作成しなさい。会計期間は×3年4月1日から×4年3月31日とする。

　<資料>　決算修正事項

(1) 決算日直前に，前期に貸倒処理した売掛金¥10,000のうち，¥5,000を現金で回収したが，この取引が未処理であった。

(2) 売掛金の期末残高に対して5%の貸倒引当金を設定する。（差額補充法）

(3) 期末商品棚卸高は，¥8,000である。売上原価は仕入勘定で算定している。

(4) 建物に対して定額法（残存価額はゼロ，耐用年数10年）により減価償却を行う。

(5) 消費税の処理をする。

(6) 貸付金にかかる利息の未収分が¥150ある。

(7) 家賃のうち¥3,000は×4年3月1日に6カ月分支払ったものである。

(8) 借入金は当期の12月1日に年利率5%で借り入れたものである。返済期日は×4年11月末日である。当期分の利息を計上する。

(9) 法人税等は税率30%で計上する。なお，当期の中間納付はなかった。

精 算 表

勘定科目	残高試算表 借方	残高試算表 貸方	整理記入 借方	整理記入 貸方	損益計算書 借方	損益計算書 貸方	貸借対照表 借方	貸借対照表 貸方
現　　　　　金	50,000							
売　　掛　　金	30,000							
繰　越　商　品	10,000							
仮　払　消　費　税	9,800							
貸　　付　　金	1,000							
建　　　　　物	100,000							
買　　掛　　金		20,000						
仮　受　消　費　税		17,500						
借　　入　　金		3,000						
貸　倒　引　当　金		750						
減価償却累計額		20,000						
資　　本　　金		50,000						
繰越利益剰余金		46,000						
売　　　　　上		175,000						
受　取　利　息		150						
給　　　　　料	25,000							
仕　　　　　入	98,000							
支　払　家　賃	8,500							
支　払　利　息	100							
	332,400	332,400						
貸倒引当金繰入								
償却債権取立益								
未　払　消　費　税								
減　価　償　却　費								
未　収　利　息								
前　払　家　賃								
未　払　利　息								
法　人　税　等								
未払法人税等								
当　期　純　利　益								

第25章

財務諸表

1■財務諸表の作成

　簿記の目的の１つには，財務諸表を作成することが挙げられる。ここでは，財務諸表のうち，貸借対照表と損益計算書の作成について学習する。貸借対照表とは，決算日など，一定時点の財政状態を明らかにするために作成する。一方，損益計算書は，１会計期間（通常１年間）における経営成績を明らかにするために作成する。

2■財務諸表の作成例

　貸借対照表や損益計算書については，決算整理後残高試算表が既に存在していれば，これを基に作成する。しかし，決算整理後残高試算表がない場合は，元帳勘定残高に決算整理事項などの処理を行ったのち，財務諸表を作成する。財務諸表で使用する勘定科目は，仕訳に用いる勘定科目と異なる場合がある。

　例）次の瑞穂株式会社の元帳残高および決算整理事項から，貸借対照表と損益計算書を作成しなさい。
　　　なお，決算は年１回，決算日は×4年３月31日である。

決算整理前残高試算表

借　　方	勘 定 科 目	貸　　方
100,000	現　　　　　　　金	
50,000	売　　　掛　　　金	
30,000	繰　越　商　品	
20,000	仮　払　消　費　税	
100,000	備　　　　　　　品	
	買　　　掛　　　金	10,000
	仮　受　消　費　税	40,000
	貸　倒　引　当　金	300
	資　　　本　　　金	10,000
	繰　越　利　益　剰　余　金	89,700
	売　　　　　　　上	400,000
200,000	仕　　　　　　　入	
50,000	給　　　　　　　料	
550,000		550,000

≪決算整理事項≫

(1) 期末商品棚卸高は¥18,500である。

(2) 売上債権について，差額補充法により2％の貸倒を見積もる。

(3) 備品については定額法により減価償却を行う。（間接法で記帳，耐用年数10年，残存価額ゼロ）
なお，備品は当期の期首に購入後，ただちに事業の用に供した。

(4) 決算にあたり未払消費税を計上する。（税抜処理）

(5) 法人税等は税引前当期純利益に対して30％で算出する。

貸 借 対 照 表
×4年3月31日　　　　　　　　　　　　　（単位：円）

資　産	金　額	負債・純資産	金　額
現　　　　　金	(100,000)	買　掛　金	(10,000)
売　掛　金 (50,000)		未払消費税	(20,000)
貸倒引当金 (1,000) (49,000)		未払法人税等	(38,340)
商　　　品 (18,500)		資　本　金	(10,000)
備　　　品 (100,000)		繰越利益剰余金	(179,160)
減価償却累計額 (10,000) (90,000)			
(257,500)			(257,500)

期末商品棚卸高：決算整理事項①

¥127,800（税引前当期純利益）×30％＝¥38,340

法人税等　38,340　／　未払法人税等　38,340

仮受消費税　40,000　／　仮払消費税　20,000
未払消費税　20,000

決算整理前残高試算表の繰越利益剰余金¥89,700＋当期純利益¥89,460＝¥179,160

¥30,000（期首商品棚卸高）＋¥200,000（当期純仕入高）－¥18,500（期末商品棚卸高）＝¥211,500

損 益 計 算 書
×3年4月1日から×4年3月31日　　　　　　　　　　　　　（単位：円）

費　用	金　額	収　益	金　額
売　上　原　価	211,500	売　上　高	400,000
給　　　料	50,000		
貸倒引当金繰入	700		
減　価　償　却　費	10,000		
法　人　税　等	38,340		
当　期　純　利　益	89,460		
	400,000		400,000

備品取得原価－残存価額÷耐用年数
¥100,000÷10年＝¥10,000

総収益¥400,000－総費用¥272,200（売上原価，給料，貸倒引当金繰入，減価償却費）
＝¥127,800（税引前当期純利益）　　¥127,800×30％＝¥38,340

¥50,000（売掛金）×2％＝¥1,000円　　¥1,000－¥300（前T/Bの貸倒引当金）＝¥700

貸倒引当金繰入　700　／　貸倒引当金　700

当期純利益とは，税引前当期純利益から法人税，住民税及び事業税を差し引いた利益のことである。

＜基本問題＞

下記の決算整理前残高試算表と決算整理事項にもとづいて，損益計算書と貸借対照表を作成しなさい。

＜資　料＞

決算整理前残高試算表

借　　方	勘　定　科　目	貸　　方
200,000	現　　　　　　　　金	
31,000	受　　取　　手　　形	
28,000	売　　　　掛　　　　金	
30,000	繰　　越　　商　　品	
50,000	仮　払　消　費　税	
90,000	備　　　　　　　　品	
	買　　　　掛　　　　金	18,500
	仮　受　消　費　税	85,000
	借　　　入　　　金	27,000
	貸　倒　引　当　金	1,000
	資　　　本　　　金	100,000
	繰　越　利　益　剰　余　金	42,895
	売　　　　　　　　上	850,000
	受　　取　　利　　息	105
450,000	仕　　　　　　　　入	
186,000	給　　　　　　　　料	
56,000	支　　払　　家　　賃	
3,500	保　　　険　　　料	
1,124,500		1,124,500

≪決算整理事項≫

(1) 期末商品棚卸高は¥28,500である。

(2) 売上債権（受取手形および売掛金）について，差額補充法により2％の貸倒れを見積もる。

(3) 備品については定額法により減価償却を行う。（間接法で記帳，耐用年数5年，残存価額ゼロ）
 なお，備品は当期の期首に購入後，ただちに事業の用に供した。

(4) 保険料の前払い分¥500を計上する。

(5) 決算にあたり未払消費税を計上する。（税抜処理）

(6) 法人税等は税引前当期純利益に対して40％で算出する。

損 益 計 算 書
×3年4月1日から×4年3月31日　　　　　　　　（単位：円）

費　用	金　額	収　益	金　額
売 上 原 価		売 上 高	
給 料		受 取 利 息	
支 払 家 賃			
保 険 料			
貸 倒 引 当 金 繰 入			
減 価 償 却 費			
法 人 税 等			
当 期 純 利 益			

貸 借 対 照 表
×4年3月31日　　　　　　　　（単位：円）

資　産	金　額		負債・純資産	金　額
現 金		（　　）	買 掛 金	（　　）
受 取 手 形	（　　）		借 入 金	（　　）
貸 倒 引 当 金	（　　）	（　　）	未 払 消 費 税	（　　）
売 掛 金	（　　）		未 払 法 人 税 等	（　　）
貸 倒 引 当 金	（　　）	（　　）	資 本 金	（　　）
商 品		（　　）	繰 越 利 益 剰 余 金	（　　）
前 払 費 用		（　　）		
備 品	（　　）			
減 価 償 却 累 計 額	（　　）	（　　）		
		（　　）		（　　）

＜演習問題＞

下記の決算整理前残高試算表と決算整理事項にもとづいて，損益計算書と貸借対照表を作成しなさい。

＜資　料＞

決算整理前残高試算表

借　　方	勘 定 科 目	貸　　方
155,000	現　　　　　　　金	
386,000	電 子 記 録 債 権	
158,000	売　　　　掛　　　　金	
185,000	繰　　越　　商　　品	
497,700	仮　払　消　費　税	
180,000	仮　払　法　人　税　等	
2,000,000	建　　　　　　　物	
	買　　　　掛　　　　金	18,500
	仮　受　消　費　税	685,000
	社 会 保 険 預 り 金	27,000
	貸　倒　引　当　金	15,000
	減 価 償 却 累 計 額	250,000
	資　　　　本　　　　金	1
	繰　越　利　益　剰　余　金	947,199
	売　　　　　　　上	6,850,000
	受　取　手　数　料	130,000
4,890,000	仕　　　　　　　入	
384,000	給　　　　　　　料	
37,000	水　道　光　熱　費	
50,000	通　　信　　費	
8,922,700		8,922,700

≪決算整理事項≫
(1) 期末商品棚卸高は¥198,500である。
(2) 売上債権（電子記録債権および売掛金）について，差額補充法により4％の貸倒引当金を設定する。
(3) 建物については定額法により減価償却を行う。（間接法で記帳，耐用年数20年，残存価額ゼロ）
(4) すでに費用処理した郵便切手¥5,000が未使用であったので，貯蔵品勘定に振り替える。
(5) 受取手数料の前受分が¥78,000ある。
(6) 決算にあたり未払消費税を計上する。
(7) 法人税等は税引前当期純利益に対して40％で算出する。

損　益　計　算　書
×3年4月1日から×4年3月31日　　　　　（単位：円）

費　　用	金　額	収　益	金　額
売　上　原　価		売　上　高	
給　　　料		受　取　手　数　料	
水　道　光　熱　費			
通　信　費			
貸　倒　引　当　金　繰　入			
減　価　償　却　費			
法　人　税　等			
当　期　純　利　益			

貸　借　対　照　表
×4年3月31日　　　　　（単位：円）

資　　産	金　額		負債・純資産	金　額
現　　　金		（　　　）	買　掛　金	（　　　）
電　子　記　録　債　権	（　　　）		社　会　保　険　料　預　り　金	（　　　）
貸　倒　引　当　金	（　　　）	（　　　）	前　受　収　益	（　　　）
売　掛　金	（　　　）		未　払　消　費　税	（　　　）
貸　倒　引　当　金	（　　　）	（　　　）	未　払　法　人　税　等	（　　　）
商　　　品		（　　　）	資　本　金	（　　　）
貯　蔵　品		（　　　）	繰　越　利　益　剰　余　金	（　　　）
建　　　物	（　　　）			
減　価　償　却　累　計　額	（　　　）	（　　　）		
		（　　　）		（　　　）

第26章

試験対策問題

問題1

以下に示す瑞穂株式会社の取引を仕訳しなさい。

1.1 従業員に対する給料￥400,000を，従業員所得税の源泉徴収額￥35,000を差し引いて当座預金口座から振り込んだ。

1.2 上記取引で預かった従業員所得税の源泉徴収額を現金で税務署に納付した。

2.1 商品￥300,000を仕入れ，代金は同額の約束手形を振り出して支払った。

2.2 上記の約束手形の支払期日が到来し，当座預金口座から支払われた。

2.3 小岩商店より受け取っていた同店振出しの約束手形￥400,000を，期日前に銀行で割引き，割引料￥1,000が差し引かれた金額が当座預金口座に振り込まれた。

2.4 船橋商店から商品￥500,000を仕入れ，代金の支払いとして小岩商店振出しの約束手形￥350,000を裏書譲渡し，残額は掛けとした。

2.5 津田沼商店から現金￥1,000,000を借り入れ，同額の約束手形を振り出した。

3.1 小岩商店に対する売掛金￥100,000について，電子記録債権の発生記録を行った。

3.2 上記電子記録債権が決済され，当座預金口座に入金された。

4.1 ￥900,000の商品を松戸商店に注文し，内金として現金￥100,000を支払った。

4.2 松戸商店から，上記注文していた商品￥900,000を受け取り，内金￥100,000を差し引いた金額を小切手を振り出して支払った。

5.1 従業員の出張に先立ち，旅費交通費の概算額￥30,000を現金で従業員に手渡した。

5.2 出張中の従業員から，当座預金口座へ￥80,000の内容のわからない入金があった。

5.3 上記の入金は，売掛金の回収であることが判明した。

5.4 出張から帰った従業員から，概算払いの残額￥1,000を現金で受け取った。残額以外は旅費交通費として処理する。

6.1 当期に発生していた売掛金￥70,000が貸倒れとなった。

6.2 前期に発生していた売掛金￥90,000が貸倒れになった。貸倒直前の貸倒引当金の残額は￥70,000である。

7.1 松戸商店から商品￥200,000を仕入れ，10%の消費税とともに現金で支払った。

7.2 小岩商店に商品￥300,000を売り上げ，10%の消費税とともに現金で受け取った。

8.1 増資として，1株￥50,000で100株を発行し，全額普通預金口座への入金が確認された。

8.2 損益勘定の貸方残高￥123,000を繰越利益剰余金勘定に振り替えた。

8.3 株主総会で利益剰余金の配当￥500,000と利益準備金の積立￥50,000が決議された。

9. 小岩商店に商品を売り上げ，品物とともに次の請求書を発送し，代金は掛けとした。

請求書No.×××

請求日　×1年11月1日

小 岩 商 店　御中

瑞穂株式会社

品　　　　　物	数　　量	単　　価	金　　額
商品A	50個	¥5,000	¥　　250,000
商品B	300個	¥2,000	¥　　600,000
		合　　計	¥　　850,000

×1年11月30日までに合計額を下記の口座へお振り込み下さい。

市川銀行　○○支店　普通　1234567　ミズホカブシキガイシャ

番号	借 方 科 目	金　　額	貸 方 科 目	金　　額
1.1				
1.2				
2.1				
2.2				
2.3				
2.4				
2.5				
3.1				
3.2				
4.1				
4.2				
5.1				
5.2				
5.3				
5.4				
6.1				
6.2				

7.1			
7.2			
8.1			
8.2			
8.3			
9			

問題2

下記の決算整理前残高試算表と決算整理事項にもとづいて，損益計算書と貸借対照表を作成しなさい。

<資 料>

決算整理前残高試算表

借　　方	勘 定 科 目	貸　　方
655,000	現　　　　　　　金	
1,500,000	売　　掛　　金	
460,000	繰　越　商　品	
389,000	仮　払　消　費　税	
2,000,000	建　　　　　物	
	買　　掛　　金	800,000
	仮　受　消　費　税	700,000
	貸　倒　引　当　金	1,000
	減　価　償　却　累　計　額	250,000
	資　　本　　金	2,000,000
	繰　越　利　益　剰　余　金	885,500
	売　　　　　上	7,000,000
3,890,000	仕　　　　　入	
1,952,000	給　　　　　料	
340,500	水　道　光　熱　費	
330,000	通　　信　　費	
120,000	保　　険　　料	
11,636,500		11,636,500

≪決算整理事項≫

(1) 期末商品棚卸高は¥520,000である。

(2) 売掛金について，差額補充法により1％の貸倒引当金を設定する。

(3) 建物については定額法により減価償却を行う。（間接法で記帳，耐用年数40年，残存価額ゼロ）

(4) 保険料の前払分が¥20,000ある。

(5) 決算にあたり未払消費税を計上する。

(6) 法人税，住民税及び事業税等は税引前当期純利益に対して40％で算出する。

損 益 計 算 書
×1年4月1日から×2年3月31日 （単位：円）

費　　用	金　額	収　益	金　額
売 上 原 価		売 上 高	
給 料			
水 道 光 熱 費			
通 信 費			
貸 倒 引 当 金 繰 入			
減 価 償 却 費			
保 険 料			
法 人 税 等			
当 期 純 利 益			

貸 借 対 照 表
×2年3月31日 （単位：円）

資　　産	金　額	負債・純資産	金　額
現 金	（　　　）	買 掛 金	（　　　）
売 掛 金	（　　）	未 払 消 費 税	（　　　）
貸 倒 引 当 金	（　　）（　　　）	未 払 法 人 税 等	（　　　）
商 品	（　　　）	資 本 金	（　　　）
前 払 費 用		繰 越 利 益 剰 余 金	（　　　）
建 物	（　　）		
減 価 償 却 累 計 額	（　　）（　　　）		
	（　　　）		

学籍番号（　　　　　　　　　　　　）氏名（　　　　　　　　　　　　）

＜基本問題＞　次の〔ア〕～〔カ〕に当てはまる適切な用語を答えなさい。

(1) 会社法では，株式会社を設立する場合には発起人が〔　ア　〕を作成し，発起人の全員がこれに署名または記名押印しなければならない。〔　ア　〕とは，株式会社の目的，組織ならびにその業務執行に関する基本規則を定めた文書である。

(2) 株式会社の機関は，①〔　イ　〕，②取締役，③取締役会，および④監査役などがある。①〔　イ　〕とは，すべての株式会社で必ず設置しなければならない〔　ウ　〕機関であり，取締役や監査役の選任および解任などの株式会社の組織，運営，管理その他株式会社に関する一切の事項について決議をすることができる機関をいう。

(3) 株式会社が発行した株式を取得した者を株主という。株主は，株式会社の出資者（＝投資者）であり，取得した株式の数に応じて〔　イ　〕での〔　エ　〕や配当金を受ける権利を持っている。

(4) 〔　オ　〕とは，自分の会社（当社）が販売する商品を仕入れる相手方であり，〔　カ　〕とは当社が商品を販売する相手方（顧客）のことをいう。

ア		イ		ウ	
エ		オ		カ	

学籍番号（　　　　　　　　　　）氏名（　　　　　　　　　　　）

＜基本問題＞ 次の(ア)～(ソ)の各金額を計算しなさい。なお，当期純損益が純損失の場合には金額の前に
△をつけること。

（単位：円）

	期首貸借対照表			期末貸借対照表			当 期 純損益
	資　産	負　債	資本（純資産）	資　産	負　債	資本（純資産）	
(1)	(ア)	76,000	(イ)	180,000	(ウ)	106,000	6,000
(2)	70,000	(エ)	40,000	(オ)	34,000	(カ)	6,000
(3)	140,000	60,000	(キ)	164,000	74,000	(ク)	(ケ)
(4)	(コ)	60,000	(サ)	206,000	(シ)	120,000	△10,000
(5)	17,000	(ス)	11,000	19,600	8,000	(セ)	(ソ)

(1)	(ア)		(イ)		(ウ)	
(2)	(エ)		(オ)		(カ)	
(3)	(キ)		(ク)		(ケ)	
(4)	(コ)		(サ)		(シ)	
(5)	(ス)		(セ)		(ソ)	

＜演習問題＞ 次の瑞穂株式会社の資料にもとづいて，（　）に適切な語句または金額を記入して期末貸借対照表を完成しなさい。なお，繰越利益剰余金の金額Ｘは各自で計算すること。会計期間は×3年4月1日から×4年3月31日までである。

資 本 金	2,000,000	買 掛 金	550,000	現 金	350,000
借 入 金	600,000	普 通 預 金	430,000	売 掛 金	560,000
商 品	542,000	繰越利益剰余金	Ｘ	備 品	800,000
車 両 運 搬 具	740,000	当 座 預 金	490,000		

貸 借 対 照 表

（　）株式会社　　　　　　×　年　月　日　　　　　　（単位：円）

資　産	金　額	負債および純資産	金　額
現　　　　　金	（　　　）	（　　　　　）	（　　　）
普　通　預　金	（　　　）	借　入　金	（　　　）
（　　　）	490,000	資　本　金	（　　　）
売　掛　金	（　　　）	（　　　　　）	（　　　）
（　　　）	542,000		
（　　　）	（　　　）		
車　両　運　搬　具	（　　　）		
	（　　　）		（　　　）

学籍番号（　　　　　　　　　）氏名（　　　　　　　　　　　）

＜基本問題＞ 次の(ア)〜(シ)の各金額を計算しなさい。なお，当期純損益が純損失の場合には金額の前に△をつけること。

	期首貸借対照表			期末貸借対照表			損益計算書		当期純損益
	資 産	負 債	資 本（純資産）	資 産	負 債	資 本（純資産）	収 益	費 用	
(1)	176,000	76,000	(ア)	180,000	74,000	(イ)	(ウ)	234,000	(エ)
(2)	140,000	(オ)	80,000	(カ)	68,000	(キ)	300,000	288,000	(ク)
(3)	(ケ)	60,000	90,000	164,000	(コ)	80,000	200,000	(サ)	(シ)

(1)	(ア)		(イ)		(ウ)		(エ)	
(2)	(オ)		(カ)		(キ)		(ク)	
(3)	(ケ)		(コ)		(サ)		(シ)	

＜演習問題＞ 次の瑞穂株式会社の資料にもとづいて，貸借対照表と損益計算書を作成しなさい。
会計期間は，×4年4月1日から×5年3月31日までである。

現 金	615,000	普 通 預 金	820,000	当 座 預 金	500,000
売 掛 金	510,000	商 品	595,000	備 品	300,000
買 掛 金	330,000	借 入 金	150,000	資 本 金	2,000,000
繰越利益剰余金	420,000	仕 入	1,160,000	給 料	685,000
旅 費 交 通 費	245,000	支 払 家 賃	450,000	売 上	2,850,000
受 取 手 数 料	105,000	受 取 利 息	25,000		

貸 借 対 照 表

( ) 株式会社　　　　　　×　年　月　日　　　　　　（単位：円）

資　産	金　額	負債および純資産	金　額

損 益 計 算 書

( ) 株式会社　　×　年　月　日から×　年　月　日まで　　（単位：円）

費　用	金　額	収　益	金　額

学籍番号（　　　　　　　　　　　）氏名（　　　　　　　　　　　　　　　）

＜基本問題＞

1. 次の資産・負債・資本（純資産）に属する勘定の借方・貸方はどちら側が〔増加（＋）〕または〔減少（－）〕であるのか，また収益・費用に属する勘定の借方・貸方はどちら側が〔発生（＋）〕または〔消滅（－）〕であるのか，下記のＴ字勘定口座に記入しなさい。

【貸借対照表】
資産に属する勘定

〔　　　　（　　）〕｜〔　　　　　　（　　）〕

負債に属する勘定

〔　　　　（　　）〕｜〔　　　　　　（　　）〕

資本（純資産）に属する勘定

〔　　　　（　　）〕｜〔　　　　　　（　　）〕

【損益計算書】
収益に属する勘定

〔　　　　（　　）〕｜〔　　　　　　（　　）〕

費用に属する勘定

〔　　　　（　　）〕｜〔　　　　　　（　　）〕

2. 下記の「簿記一巡の手続」の（　　　　）の中に適切な語句を記入しなさい。

簿記一巡の手続

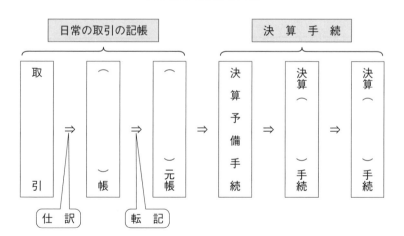

＜演習問題＞ 次の瑞穂株式会社の6月中の取引について取引要素の結合関係を示しなさい。

1日 得意先押上商店へ商品￥450,000を売り上げ，代金は全額を掛けとした。

3日 事務機器販売会社から営業用パソコン一式￥150,000を購入し，代金は現金で支払った。

7日 仕入先船橋商店から商品￥300,000を仕入れ，代金のうち￥50,000は現金で支払い，残額は掛けとした。

9日 事務用品販売会社から筆記用具（ボールペン等）￥10,000を購入し，代金は現金で支払った。

10日 事務所用の水道・電気・ガスの利用料金￥70,000を現金で支払った。

15日 特産品生産者から商品販売代行の手数料￥30,000を現金で受け取った。

18日 仕入先船橋商店に対する買掛金のうち￥70,000を現金で支払った。

20日 賃借している事務所の家賃￥40,000を現金で支払った。

25日 従業員に給料￥80,000を現金で支払った。

30日 得意先押上商店から売掛金￥200,000が当座預金口座に振り込まれた。

	借 方 要 素	貸 方 要 素
6月1日	（　　　　　）の	（　　　　　）の
3日	（　　　　　）の	（　　　　　）の
7日	（　　　　　）の	（　　　　　）の
		（　　　　　）の
9日	（　　　　　）の	（　　　　　）の
10日	（　　　　　）の	（　　　　　）の
15日	（　　　　　）の	（　　　　　）の
18日	（　　　　　）の	（　　　　　）の
20日	（　　　　　）の	（　　　　　）の
25日	（　　　　　）の	（　　　　　）の
30日	（　　　　　）の	（　　　　　）の

学籍番号（　　　　　　　　　）氏名（　　　　　　　　　　）

＜基本問題＞ 次の瑞穂株式会社の6月中の取引について仕訳しなさい。

1日　得意先押上商店へ商品¥450,000を売り上げ，代金は全額を掛けとした。

3日　事務機器販売会社から営業用パソコン一式¥150,000を購入し，代金は現金で支払った。

7日　仕入先船橋商店から商品¥300,000を仕入れ，代金のうち¥50,000は現金で支払い，残額は掛けとした。

9日　事務用品販売会社から筆記用具（ボールペン等）¥10,000を購入し，代金は現金で支払った。

10日　事務所用の水道・電気・ガスの利用料金¥70,000を現金で支払った。

15日　特産品生産者から商品販売代行の手数料¥30,000を現金で受け取った。

18日　仕入先船橋商店に対する買掛金のうち¥70,000を現金で支払った。

20日　賃借している事務所の家賃¥40,000を現金で支払った。

25日　従業員に給料¥80,000を現金で支払った。

30日　得意先押上商店から売掛金¥200,000が当座預金口座に振り込まれた。

日付	借方科目	金　額	貸方科目	金　額
6/ 1				
3				
7				
9				
10				
15				
18				
20				
25				
30				

＜演習問題＞ 次の仕訳帳は，＜基本問題＞の仕訳を記入している過程を示したものである。摘要欄の
（　　　）の中に勘定科目，金額欄にその金額を記入して仕訳帳を完成させなさい。

仕　訳　帳

1ページ

×年		摘　　要	元丁	借　　方	貸　　方
6	1	（　　　　　　）			
		（　　　　　　　）			
		押上商店へＡ商品1,000個を掛けで売上げ			
	3	（　　　　　　）			
		（　　　　　　　）			
		営業用パソコン1台（品番RX－○○）他の購入			
	7	（　　　　　　）　　　　諸　口			
		（　　　　　　　）			
		（　　　　　　　）			
		船橋商店からＢ商品500個を現金・掛けで仕入れ			
	9	（　　　　　　）			
		（　　　　　　　）			
		ボールペン（黒20本，赤30本），帳簿，伝票ほか			
	10	（　　　　　　）			
		（　　　　　　　）			
		6月分の水道代￥○○，電気￥××，ガス代￥△△			
	15	（　　　　　　）			
		（　　　　　　　）			
		市川市○○様より商品販売代行の手数料の現金受取り			
	18	（　　　　　　）			
		（　　　　　　　）			
		船橋商店に対する買掛金の現金支払い			
	20	（　　　　　　）			
		（　　　　　　　）			
		6月分の事務所の家賃支払い			
	25	（　　　　　　）			
		（　　　　　　　）			
		6月分の給料の支払い			
	30	（　　　　　　）			
		（　　　　　　　）			
		押上商店より○月○日売上げ分の当座預金口座への入金			

学籍番号（　　　　　　　　）氏名（　　　　　　　　　）

＜基本問題＞ 次の総勘定元帳をもとに，合計残高試算表を作成しなさい。

現　金

資 本 金	5,000,000	備　　品	2,100,000
借 入 金	2,000,000	給　　料	900,000
売 掛 金	1,200,000	買 掛 金	1,000,000

売 掛 金

売　上	3,200,000	現　金	1,200,000

備　品

現　金 2,100,000	

借 入 金

	現　金 2,000,000

買 掛 金

現　金	1,000,000	仕　入	2,000,000

資 本 金

	現　金 5,000,000

売　上

	売 掛 金 3,200,000

仕　入

買 掛 金 2,000,000	

給　料

現　金 900,000	

合 計 残 高 試 算 表

借　　方		勘 定 科 目	貸　　方	
残　高	合　計		合　計	残　高
		現　　　　金		
		売　掛　金		
		備　　　品		
		借　入　金		
		買　掛　金		
		資　本　金		
		売　　　　上		
		仕　　　　入		
		給　　　料		

＜演習問題＞ 次の総勘定元帳およびそれをもとに作成された残高試算表に当てはまる(1)～(5)の数値を推定し，解答欄に記入しなさい。

現　　金

資　本　金	(1)	備　　品	300,000
借　入　金	400,000	給　　料	(2)
売　掛　金	(3)	買　掛　金	200,000

売　掛　金

売　　上	500,000	現　　金	(3)

備　　品

現　　金	300,000	

借　入　金

		現　　金	400,000

買　掛　金

現　　金	200,000	仕　　入	(4)

資　本　金

		現　　金	(1)

売　　上

		売　掛　金	500,000

仕　　入

買　掛　金	(4)	

給　　料

現　　金	(2)	

残　高　試　算　表

借　　方	勘　定　科　目	貸　　方
950,000	現　　　　　　金	
250,000	売　　掛　　金	
300,000	備　　　　　　品	
	借　　入　　金	400,000
	買　　掛　　金	200,000
	資　　本　　金	(1)
	売　　　　　　上	500,000
(4)	仕　　　　　　入	
200,000	給　　　　　　料	
(5)		(5)

解答欄

(1)		(2)		(3)	
(4)		(5)			

学籍番号（　　　　　　　　　　）氏名（　　　　　　　　　　　）

＜基本問題＞　決算時の残高が次のとおりであるとき，決算振替仕訳を示しなさい。

売　　　上	
	370,000

受取手数料	
	6,000

仕　　　入	
190,000	

支　払　利　息	
4,000	

決算振替仕訳	借方科目	金　　額	貸方科目	金　　額
収益の振替				
費用の振替				
当期純利益の振替				

＜演習問題＞　決算振替前の残高が次のとおりであるとき，各勘定の締切りを行いなさい。なお，当期純利益は¥20,000であり，会計期間は4月1日から3月31日までの1年間である。なお，翌期に行われる前期繰越も記入すること。

現　　　金	
750,000	

売　掛　金	
200,000	

買　掛　金	
	110,000

借　入　金	
	320,000

資　本　金	
	450,000

繰越利益剰余金	
	50,000

学籍番号（　　　　　　　　　　　）氏名（　　　　　　　　　　　　　）

＜基本問題＞　次の取引を仕訳しなさい。

(1) 船橋商店から商品￥15,000を仕入れ，代金は現金で支払った。

(2) 小岩商店へ商品￥8,000を売り上げ，代金は同店振出しの小切手で受け取った。

(3) 現金の実際有高と帳簿残高を照合したところ，実際有高￥8,000 帳簿残高￥5,000であった。

(4) 現金過不足勘定で処理してあった現金過剰額￥3,000を調査したところ，そのうち￥1,800は受け取った手数料の記入漏れであることが判明した。

(5) 決算において現金過不足勘定で処理してあった現金過剰額￥1,200の原因は判明しなかった。

(6) 現金の実際有高と帳簿残高を照合したところ，実際有高￥5,000 帳簿残高￥6,500であった。

(7) 現金過不足勘定で処理してあった現金不足額￥1,500を調査したところ，そのうち￥1,200は支払った手数料の記入漏れであることが判明した。

(8) 決算において現金過不足勘定で処理してあった現金不足額￥300の原因は判明しなかった。

(9) 小岩商店へ商品￥30,000を売り上げ，代金は同店振出しの小切手で受け取り，ただちに当座預金に預け入れた。

(10) 船橋商店から商品￥60,000を仕入れ，代金は小切手を振り出して支払った。なお，当座預金は貸方残高￥50,000であり，取引銀行と借越限度額￥100,000の当座借越契約を結んでいる。

(11) 小岩商店へ商品￥20,000を売り上げ，代金は同店振出しの小切手で受け取り，ただちに当座預金に預け入れた。なお，当座預金は貸方残高￥10,000である。

(12) 決算において当座預金残高を確認したところ，貸方残高が￥4,000（すべて当座借越）であった。

	借　　方	金　　額	貸　　方	金　　額
(1)				
(2)				
(3)				
(4)				
(5)				
(6)				
(7)				
(8)				
(9)				
(10)				
(11)				
(12)				

<演習問題> 次の取引を仕訳しなさい。

(1) 小岩商店に商品¥15,000を売り上げ，代金は普通為替証書で受け取った。

(2) 決算において，現金過不足勘定で処理してあった現金不足額¥2,000を調査したところ，¥1,800は手数料の記入漏れであることが判明したが，その他は不明であった。

(3) 決算において，現金過不足勘定で処理してあった現金過剰額¥1,500を調査したところ，通信費¥2,300を¥3,200の誤記入が判明したが，その他は不明であった。

(4) 小岩商店に商品¥14,000を売り上げ，代金のうち¥5,000円は現金で受け取り，残額は同店振出の小切手で受け取った。

(5) 船橋商店から商品¥23,000を仕入れ，代金のうち¥3,000は現金で支払い，残額は小切手を振り出して支払った。

(6) 押上商店に商品¥20,000を売り上げ，代金は以前当社が振り出した小切手で受け取った。

(7) 船橋商店から商品¥25,000を仕入れ，代金は小切手を振り出して支払った。このとき，当座預金は借方残高¥28,000であり，取引銀行と借越限度額¥100,000の当座借越契約を結んでいる。

(8) 小岩商店に商品¥32,000を売り上げ，代金を同店振出しの小切手で受け取り，ただちに当座預金に預け入れた。ただし，当座借越が¥3,000ある。

(9) 期首に，前期末当座借越に振り替えた当座預金貸方残高¥4,500の再振替仕訳を行った。

	借　　方	金　　額	貸　　方	金　　額
(1)				
(2)				
(3)				
(4)				
(5)				
(6)				
(7)				
(8)				
(9)				

学籍番号（　　　　　　　　　）氏名（　　　　　　　　　　　）

＜基本問題＞ 次の瑞穂株式会社の取引を3分法によって仕訳しなさい。

6月3日 松戸商店から商品800個を@¥250で仕入れ，代金は現金で支払った。

11日 小岩商店に商品450個（原価：@¥250）を@¥500で売り上げ，代金は現金で受け取った。

15日 船橋商店から商品600個を@¥180で仕入れ，代金は小切手を振り出して支払った。

25日 押上商店に商品400個（原価：@¥180）を@¥360で売り上げ，代金は同店振出しの小切手で受け取った。

	借　　方	金　　額	貸　　方	金　　額
6/ 3				
11				
15				
25				

＜演習問題＞ 次の瑞穂株式会社の取引を3分法によって仕訳しなさい。

6月3日 松戸商店から商品800個を@¥250で仕入れ，代金は現金で支払った。なお，当店負担の引取運賃¥3,000を現金で支払った。

11日 小岩商店に商品450個（原価：@¥250）を@¥500で売り上げ，代金は現金で受け取った。なお，当店負担の発送費¥3,500を現金で支払った。

15日 船橋商店から商品600個を@¥180で仕入れ，代金は掛けとした。なお，当店負担の引取運賃¥4,000を現金で支払った。

25日 上記船橋商店から仕入れた商品のうち9個を破損のため返品した。

	借　　方	金　　額	貸　　方	金　　額
6/ 3				
11				
15				
25				

＜基本問題＞ 次の瑞穂株式会社の資料により，先入先出法を用いて商品有高帳に記入し，締め切りなさい。

〔資料〕

商品名：C品

11月1日	前月繰越	400個	@¥200（原価）
8日	仕　入	400個	@¥220（原価）
16日	売　上	300個	@¥600（売価）
21日	仕　入	500個	@¥240（原価）
26日	売　上	600個	@¥600（売価）

商 品 有 高 帳

（先入先出法）　　　　　　　　　　　C 品　　　　　　　　　　　（単位：円）

×1年		摘　要	受　入			払　出			残　高		
			数量	単価	金額	数量	単価	金額	数量	単価	金額
11	1	前月繰越	400	200	80,000				400	200	80,000

＜演習問題＞ 　上記＜基本問題＞の資料により，移動平均法を用いて11月中の売上原価と売上総利益を計算するための解答欄の（　　）内に適当な金額を記入しなさい。

(移動平均法)

<u>売上原価の計算</u>　　　　　　　　　　　　<u>売上総利益の計算</u>

月初商品棚卸高	（　　　　　　　）
当月商品仕入高 ＋)	（　　　　　　　）
合　　計	（　　　　　　　）
月末商品棚卸高 －)	（　　　　　　　）
売　上　原　価	（　　　　　　　）

売　　上　　高	（　　　　　　　）
売　上　原　価 －)	（　　　　　　　）
売　上　総　利　益	（　　　　　　　）

学籍番号 （　　　　　　　　　　）氏名（　　　　　　　　　　）

＜基本問題＞　次の瑞穂株式会社の取引を3分法によって仕訳しなさい。

7月3日　船橋商店から商品700個を@￥400で仕入れ，代金は掛けとした。

11日　押上商店に商品250個を@￥600で売り上げ，代金は掛けとした。

13日　松戸商店から商品500個を@￥450で仕入れ，代金のうち￥25,000は小切手を振り出して支払い，残額は掛けとした。

20日　小岩商店に商品300個を@￥700で売り上げ，代金のうち￥100,000は同店振出しの小切手で受け取り，残額は掛けとした。

	借　　方	金　　額	貸　　方	金　　額
7/ 3				
11				
13				
20				

＜演習問題＞ 次の瑞穂株式会社の取引を３分法によって仕訳しなさい。

7月3日 船橋商店から商品700個を＠￥400で仕入れ，代金は掛けとした。なお，当店負担の引取運賃￥3,000を現金で支払った。

6日 船橋商店から３日に掛けで仕入れた商品のうちの７個が破損していたため返品した。

11日 押上商店に商品250個を＠￥600で売り上げ，代金は掛けとした。なお，当店負担の発送費￥1,500を現金で支払った。

13日 松戸商店から商品500個を＠￥450で仕入れ，代金のうち￥25,000は小切手を振り出して支払い，残額は掛けとした。なお，当店負担の引取運賃￥1,800を現金で支払った。

14日 押上商店に商品￥10,000を売り上げ，代金はクレジット払いとなった。クレジットの手数料は販売代金の３％である。

15日 松戸商店から13日に掛けで仕入れた商品のうち20個を品質不良のため返品した。

20日 小岩商店に商品300個を＠￥700で売り上げ，代金のうち￥100,000は同店振出しの小切手で受け取り，残額は掛けとした。なお当店負担の発送費￥2,000を現金で支払った。

25日 小岩商店に20日に掛けで売り上げた商品のうちの10個が品違いのため返品されてきた。

27日 船橋商店に対する買掛金のうち￥200,000を，小切手を振り出して支払った。

30日 押上商店に対する11日の売掛金のうち￥100,000を同店振出しの小切手で回収するとともに同店に14日に売り渡した商品のクレジット販売代金が信販会社から当社の当座預金口座に振り込まれた。

	借　　方	金　　額	貸　　方	金　　額
7/ 3				
6				
11				
13				
14				
15				
20				
25				
27				
30				

学籍番号（　　　　　　　　　　）氏名（　　　　　　　　　　）

＜基本問題＞ 次の取引を仕訳しなさい。

(1) 船橋商店に対する買掛金￥50,000の支払いのために，約束手形を振り出した。

(2) 押上商店に商品￥130,000を売り上げ，代金のうち￥70,000は同店振出しの約束手形で受け取り，残額は同店振出しの小切手で受け取った。

(3) 船橋商店から商品￥120,000を仕入れ，代金のうち￥50,000は現金で支払い，残額は船橋商店を受取人とする約束手形を振り出して支払った。

(4) 松戸商店から商品￥50,000を仕入れ，代金は所有する小岩商店振出しの約束手形を裏書譲渡した。

(5) 小岩商店へ商品￥110,000を売り上げ，代金のうち￥60,000は舞浜商店振出しの約束手形を裏書譲渡され，残額は掛けとした。

(6) 押上商店に対する売掛金￥90,000の回収のために，同店振出しの約束手形を受け取った。

(7) 所有する押上商店振出しの約束手形￥70,000を取引銀行で割り引き，3％の割引料を控除した残額を当座預金とした。

	借　　　方	金　　　額	貸　　　方	金　　　額
(1)				
(2)				
(3)				
(4)				
(5)				
(6)				
(7)				

＜演習問題＞　　次の取引を仕訳しなさい。

(1)　松戸商店に対する買掛金￥80,000について，電子記録債務の発生記録が行われた。

(2)　電子記録債務￥80,000の支払期限が到来し，当社の当座預金から引き落とされた。

(3)　小岩商店に商品￥150,000を売り上げ，代金のうち￥50,000は同店振出しの小切手で受け取り，残額は押上商店振出しの約束手形を裏書譲渡された。

(4)　小岩商店振出しの約束手形￥40,000が満期日となり市川銀行の当座預金に入金された。

(5)　松戸商店に振り出した約束手形￥30,000が満期日となり市川銀行の当座預金から引き落とされた。

(6)　松戸商店へ現金￥60,000を貸し付け，借用証書の代わりとして松戸商店振り出しの約束手形を受け取った。

(7)　所有する押上商店振出しの約束手形￥90,000を取引銀行で割り引き，割引料を控除した￥89,200を当座預金とした。

	借　　方	金　　額	貸　　方	金　　額
(1)				
(2)				
(3)				
(4)				
(5)				
(6)				
(7)				

学籍番号（　　　　　　　　　　）氏名（　　　　　　　　　　）

＜基本問題＞ 次の取引を仕訳しなさい。

(1) 現金¥200,000を押上商店に貸し付けた。

(2) 貸付金¥200,000について現金で返済を受けた。

(3) 現金¥300,000を銀行から借り入れた。

(4) 土地（取得原価¥1,300,000）を¥1,300,000で売却し，代金は後日受け取ることとした。

(5) 未払金¥250,000を，小切手を振り出して支払った。

(6) 従業員の出張に際して旅費概算額¥25,000を現金で支払った。

(7) 出張中の従業員から¥60,000が当座預金に振込まれたが，内容は不明である。

(8) 仮受金¥60,000は押上商店からの売掛金の回収であることが判明した。

(9) 商品¥20,000を売り上げ，代金として自治体が発行した商品券を受け取った。

(10) さきに受け取った自治体発行の商品券¥20,000を現金で決済した。

	借　方	金　額	貸　方	金　額
(1)				
(2)				
(3)				
(4)				
(5)				
(6)				
(7)				
(8)				
(9)				
(10)				

＜演習問題＞ 次の取引を仕訳しなさい。

(1) 従業員の負担すべき生命保険料￥4,000を現金で支払った。

(2) 従業員に給料￥390,000を源泉所得税￥20,000と社会保険料￥35,000を差し引いて当座預金から支払った。

(3) 従業員の源泉所得税￥20,000を税務署に現金で納付した。

(4) 従業員から預かった社会保険料￥35,000と企業負担分￥35,000を現金で納付した。

(5) 当社は，国府台不動産と店舗を賃貸借契約し，保証金￥60,000を現金で支払った。

(6) 国府台不動産と賃貸借契約している店舗を解約したため，敷金￥60,000について修繕費￥40,000を差し引き普通預金口座に入金された。

	借　方	金　額	貸　方	金　額
(1)				
(2)				
(3)				
(4)				
(5)				
(6)				

学籍番号（　　　　　　　　　　）氏名（　　　　　　　　　　　）

＜基本問題＞ 次の取引を仕訳しなさい。

(1) 取引先の倒産により，前期に生じた売掛金￥8,000が回収できなくなった。貸倒引当金の残高が￥5,000ある。

(2) 取引先の倒産により，前期に生じた売掛金￥20,000が回収できなくなった。貸倒引当金の残高が￥23,000ある。

(3) 売掛金残高￥200,000に対して３％の貸倒れを見積もる。差額補充法により処理すること。貸倒引当金の残高が￥4,000ある。

(4) 取引先の倒産により，前期に生じた売掛金￥9,000が回収できなくなった。貸倒引当金の残高はない。

	借　　方	金　　額	貸　　方	金　　額
(1)				
(2)				
(3)				
(4)				

＜演習問題＞ 次の取引を仕訳しなさい。

(1) 当期に生じた小岩商店に対する売掛金￥5,000が回収できなくなった。貸倒引当金の残高は￥6,000ある。

(2) 前期に貸倒れ処理していた売掛金のうち￥30,000を現金で回収した。

(3) 決算にあたり，売掛金の期末残高￥60,000に対して2％の貸倒れを見積もる。なお，貸倒引当金の残高が￥1,500ある。差額補充法によること。

(4) 決算にあたり，売掛金の期末残高￥400,000に対して2％の貸倒れを見積もる。なお，貸倒引当金の残高が￥6,500ある。洗替法によること。

	借　　方	金　　額	貸　　方	金　　額
(1)				
(2)				
(3)				
(4)				

学籍番号（　　　　　　　　　　）氏名（　　　　　　　　　　　　　）

＜基本問題＞ 次の取引を仕訳しなさい。

(1) パソコン￥140,000を購入し，代金は小切手を振り出して支払った。

(2) 建物￥2,500,000を購入し，代金は現金で支払った。

(3) 土地（取得原価￥1,000,000）を￥950,000で売却し，代金は現金で受け取った。

(4) 土地（取得原価￥1,500,000）を￥1,600,000で売却し，代金は現金で受け取った。

(5) 業務で使用する製図用ソフトウェアを￥180,000で購入し，代金は現金で支払った。

(6) 従業員が使用するタブレット（＠￥40,000）を5台購入し，送料￥1,000とともに小切手を振り出して支払った。

	借　　方	金　　額	貸　　方	金　　額
(1)				
(2)				
(3)				
(4)				
(5)				
(6)				

＜演習問題＞ 次の取引を仕訳しなさい。

(1) パソコン¥150,000を購入し，代金は小切手を振り出して支払った。なお，設置費用¥4,000は現金で支払った。

(2) 応接セット¥180,000を購入し，代金は付随費用¥4,000とともに小切手を振り出して支払った。なお，当座預金勘定の残高は¥100,000であり，借越限度額¥400,000の当座借越契約を結んでいる。

(3) 営業用トラック¥2,000,000を購入し，代金は小切手を振り出して支払った。なお，当座預金勘定の残高は¥1,500,000であり，借越限度額¥1,000,000の当座借越契約を結んでいる。

(4) 5月15日，建物¥15,000,000を購入し，小切手を振り出して支払った。また，仲介手数料¥200,000を，現金で支払った。

(5) 6月30日，所有する建物の一部を改良し，代金¥320,000を現金で支払った。

(6) 12月10日，所有していた建物（帳簿価額¥15,520,000）を¥16,000,000で売却し，代金は現金で受け取った。

	借　方	金　額	貸　方	金　額
(1)				
(2)				
(3)				
(4)				
(5)				
(6)				

学籍番号 （　　　　　　　　　　　） 氏名 （　　　　　　　　　　　）

＜基本問題＞ 次の取引を仕訳しなさい。

【指定勘定科目】 現金，備品，土地，減価償却費，減価償却累計額，固定資産売却益，固定資産売却損

(1) 決算にあたり，備品の減価償却費￥90,000を計上した（記帳方法は間接法による）。

(2) 決算にあたり，前期の期首に取得した車両運搬具（取得原価￥2,500,000　残存価額￥750,000　耐用年数５年）の減価償却を行った（償却方法は定額法，記帳方法は間接法による）。

(3) 期首に，備品（取得原価￥20,000　減価償却累計額￥13,000）を￥5,000で売却し，代金は現金で受け取った（記帳方法は間接法による）。

(4) 期首に，備品（取得原価￥20,000　減価償却累計額￥13,000）を￥8,000で売却し，代金は現金で受け取った（記帳方法は間接法による）。

(5) 期首に，前期の期首に購入した土地（取得原価￥23,000,000）を￥20,000,000で売却し，代金は現金で受け取った。

	借　方	金　額	貸　方	金　額
(1)				
(2)				
(3)				
(4)				
(5)				

<演習問題> 次の取引を仕訳しなさい。

【指定勘定科目】 現金, 当座預金, 備品, 建物, 減価償却費, 減価償却累計額, 固定資産売却益, 固定資産売却損

(1) 決算にあたり, 商品陳列棚 (取得原価：¥600,000, 残存価額：取得原価の10％, 耐用年数：8年, 償却方法：定額法) の減価償却費を計上した。なお, 間接法で記帳している。

(2) 決算にあたり, エアコン (取得原価：¥200,000, 残存価額：取得原価の10％, 耐用年数：6年, 償却方法：定額法) の減価償却費を計上した。なお, 間接法で記帳している。

(3) 期首に, 建物 (取得原価：¥2,800,000, 減価償却累計額：¥2,520,000) を¥350,000で売却し, 代金は現金で受け取った。なお, 減価償却の記帳方法は間接法による。

(4) 期首に, 建物 (取得原価：¥2,800,000, 減価償却累計額：¥2,520,000) を¥250,000で売却し, 代金は現金で受け取った。なお, 減価償却の記帳方法は間接法による。

(5) 期首に, 金庫 (取得原価：¥400,000, 減価償却累計額：¥360,000) を¥50,000で売却し, 代金は小切手で受け取り, 直ちに当座預金に預け入れた (減価償却の記帳方法は間接法による)。

	借　　方	金　　額	貸　　方	金　　額
(1)	減価償却費	67,500	減価償却累計額	67,500
(2)	減価償却費	30,000	減価償却累計額	30,000
(3)	減価償却累計額 現金	2,520,000 350,000	建物 固定資産売却益	2,800,000 70,000
(4)	減価償却累計額 現金 固定資産売却損	2,520,000 250,000 30,000	建物	2,800,000
(5)	減価償却累計額 当座預金	360,000 50,000	備品 固定資産売却益	400,000 10,000

<演習問題> 次の取引を仕訳しなさい。

【指定勘定科目】 現金, 当座預金, 備品, 建物, 減価償却費, 減価償却累計額, 固定資産売却益, 固定資産売却損

(1) 決算にあたり, 商品陳列棚 (取得原価：¥600,000, 残存価額：取得原価の10％, 耐用年数：8年, 償却方法：定額法) の減価償却費を計上した。なお, 間接法で記帳している。

(2) 決算にあたり, エアコン (取得原価：¥200,000, 残存価額：取得原価の10％, 耐用年数：6年, 償却方法：定額法) の減価償却費を計上した。なお, 間接法で記帳している。

(3) 期首に, 建物 (取得原価：¥2,800,000, 減価償却累計額：¥2,520,000) を¥350,000で売却し, 代金は現金で受け取った。なお, 減価償却の記帳方法は間接法による。

(4) 期首に, 建物 (取得原価：¥2,800,000, 減価償却累計額：¥2,520,000) を¥250,000で売却し, 代金は現金で受け取った。なお, 減価償却の記帳方法は間接法による。

(5) 期首に, 金庫 (取得原価：¥400,000, 減価償却累計額：¥360,000) を¥50,000で売却し, 代金は小切手で受け取り, 直ちに当座預金に預け入れた (減価償却の記帳方法は間接法による)。

	借　　方	金　　額	貸　　方	金　　額
(1)				
(2)				
(3)				
(4)				
(5)				

学籍番号（　　　　　　　　　　）氏名（　　　　　　　　　　　）

＜基本問題＞　次の取引を仕訳しなさい。

⑴　会社の設立にあたり，株式500株を1株の払込金額￥1,100で発行し，全株式の払込みを受け，払込金額が当座預金に入金された。

⑵　新株300株を1株の払込金額￥2,000で発行して増資を行い，全株式について現金により払込みを受けた。

⑶　株主総会において利益剰余金から1株当たり￥150の配当，利益準備金の積立て￥3,000を決議した。なお，当社の発行済株式総数は300株である。

⑷　株主総会で決議した配当金￥72,000について，普通預金から支払いを行った。

	借　　方	金　　額	貸　　方	金　　額
⑴				
⑵				
⑶				
⑷				

<演習問題> 次の一連の設問について仕訳を示し，繰越利益剰余金勘定に転記を行いなさい。なお，転記に際して「諸口」は用いず，繰越利益剰余金勘定の締切りは行わない。

(1) 6月25日に開催された株主総会において，繰越利益剰余金¥400,000について，次のとおり利益剰余金の配当と処分が承認された。

　　配当金　¥80,000　利益準備金　¥8,000

(2) 7月31日に(1)で決議された配当金を当座預金から支払った。

(3) 3月31日に決算を迎え，当期純利益が¥120,000と算定されたため決算振替仕訳を行う。

	借　　方	金　　額	貸　　方	金　　額
(1)				
(2)				
(3)				

繰越利益剰余金

6/25		4/1　前期繰越　　400,000
〃		3/31

学籍番号（　　　　　　　　　）氏名（　　　　　　　　　　　）

＜基本問題＞　次の取引を仕訳しなさい。

(1) 中山商店から営業用店舗を賃借している。11月分の家賃￥25,000を現金で支払った。

(2) 従業員が使用する営業用携帯電話の電話代￥980が当座預金から引き落とされた。

(3) 幕張倉庫株式会社に商品を預けている。本商品の11月分保管料￥1,400について，小切手を振り出して支払った。

(4) 市川商店会の12月分の会費￥800を現金で支払った。

(5) 小岩商店へ商品￥5,000を売り上げ，代金を掛けとした際に，誤って現金の受取りとして仕訳し転記していた。

	借　　方	金　　額	貸　　方	金　　額
(1)				
(2)				
(3)				
(4)				
(5)				

<演習問題> 次の取引を仕訳しなさい。

(1) 営業用店舗は地震保険に加入しており，年間保険料は￥12,000である。本保険料の12月分が当座預金から引き落とされた。

(2) 津田沼商店に店舗として使用する建物を賃貸しており，年間の家賃は￥120,000である。本家賃の1カ月分が当座預金に振り込まれた。

(3) 従業員が得意先の売掛金回収のために利用したタクシー代￥630を現金で支払った。

(4) 消耗品￥300を現金で購入した際，誤って金額を￥30,000として仕訳していた。

(5) 売掛金￥7,500を現金で回収した際，誤って貸借を逆に仕訳し転記していた。

	借　　方	金　　額	貸　　方	金　　額
(1)				
(2)				
(3)				
(4)				
(5)				

学籍番号（　　　　　　　　　　）氏名（　　　　　　　　　　）

＜基本問題＞ 決算（×2年3月31日）にあたり，以下の決算整理事項について決算整理仕訳をしなさい。

(1) 保険料の前払分¥3,500を計上する。

(2) 受取家賃の前受分¥25,000を計上する。

(3) 郵便切手の未使用高は¥750であった。

	借　　方	金　　額	貸　　方	金　　額
(1)				
(2)				
(3)				

＜演習問題＞ 決算（×2年3月31日）にあたり，以下の決算整理事項について決算整理仕訳をしなさい。

(1) 当期の12月1日に，向こう1年分の保険料¥12,000を支払っている。

(2) 当期の12月1日に，向こう半年分の家賃¥18,000を受け取っている。

(3) 瑞穂株式会社は，舞浜商店に当期の2月1日に貸付期間2年間，利率は年3％，利息は毎年1月末に受け取る契約で現金¥200,000を貸し付けた。本日，決算にあたり，当期の利息未収額を計上する。

(4) 瑞穂株式会社は，取引銀行に当期の12月1日に借入期間2年間，利率は年6％，利息は毎年11月末に支払う契約で現金¥300,000を借り入れた。本日，決算にあたり，当期の利息未払額を計上する。

	借　　方	金　　額	貸　　方	金　　額
(1)				
(2)				
(3)				
(4)				

学籍番号 （　　　　　　　　　） 氏名 （　　　　　　　　　）

＜基本問題＞ 次の取引を仕訳しなさい。

(1) 8月18日に従業員が帰社し，下記の領収証が提示された。なお，当社では，従業員の出張に係る費用については従業員が一時的に立て替えを行い，帰社後に出張旅費の立替分の現金清算および記帳（仕訳）を行っている。

	No.×××
領　収　証	×1年8月2日

瑞穂株式会社　様

￥　25,750※

　但し，乗車券類代
として，上記金額を受領しました。

日の丸旅客鉄道株式会社（公印省略）
下総仲山駅発行　取扱者（捺印省略）

	借　　方	金　　額	貸　　方	金　　額
(1)				

(2) 4月1日に事務所の賃貸借契約を行い，下記の振込依頼書どおりに当社の普通預金口座から振り込み，賃借を開始した。仲介手数料は，支払手数料として処理する。

振　込　依　頼　書

瑞穂株式会社　御中

国府台不動産株式会社

ご契約ありがとうございます。以下の金額を下記口座へお振込みください。

内　　容	金　　額
敷　　金	￥　30,000
初月賃料	￥　50,000
仲介手数料	￥　20,000
合　　計	￥　100,000

市川銀行　○○支店　当座　2134567　コウノダイフドウサン（カ

	借　　方	金　　額	貸　　方	金　　額
(2)				

<演習問題> 次の取引を仕訳しなさい。

　　取引銀行のインターネットバンキングサービスから普通預金口座のweb通帳（入出金明細）を参照したところ，次のとおりであった。そこで，各取引日において必要な仕訳を答えなさい。なお，小岩商店と船橋商店はそれぞれの商品の取引先であり，商品売買はすべて掛け取引で行っている。

入　出　金　明　細				
日　　付	内　　容	出金金額	入金金額	取引残高
10.22	振込　フナバシショウテン	￥40,000		省　略
10.23	振込　コイワショウテン		￥49,600	
10.25	振込　給料	￥560,000		
10.25	振込手数料	￥1,000		

10月23日の入金は，当店負担の手数料￥400が差し引かれたものである。

10月25日の給与振込額は，所得税の源泉徴収額￥40,000（所得税預り金）を差し引いた額である。

日　　付	借方科目	金　　額	貸方科目	金　　額
10月22日				
10月23日				
10月25日				

学籍番号（　　　　　　　　　　）氏名（　　　　　　　　　　）

＜基本問題＞ 次の瑞穂株式会社における各取引を仕訳しなさい。消費税率は10％とする。(4)から(7)は一連の取引とする。

(1) 法人税，住民税及び事業税の中間申告を完了したのち納付した。その予定納税額は，前事業年度の確定税額¥1,980,000の半額に相当する¥990,000を現金で納めた。

(2) 決算の結果，当期の法人税，住民税及び事業税が¥2,560,000と確定した。
上記(1)の仮払法人税等を控除した金額を未払法人税等として計上した。

(3) 決算の結果，当期の税引前当期純利益が¥3,560,000と算定されたので，その40％を法人税，住民税及び事業税に計上する。なお，すでに中間申告で¥850,000を納付しており，この予定納税分は仮払法人税等で処理されている。

(4) 商品¥865,000（本体価格）を仕入れ，代金は消費税を含めて掛けとした。

(5) 上記(4)の商品を¥1,865,000（本体価格）で売り上げ，代金は消費税を含めて掛けとした。

(6) 決算となり，上記(4)と(5)から消費税の納付額を算定し，適正に処理した。

(7) 消費税の申告書を税務署へ提出した際に，上記(6)の未払消費税を郵便局で現金納付した。

	借　方	金　　額	貸　方	金　　額
(1)				
(2)				
(3)				
(4)				
(5)				
(6)				
(7)				

<演習問題> 瑞穂株式会社の取引について仕訳をしなさい。消費税は税抜処理方式で処理し税率は
10%とする。

(1) 法人税等の予定納税額¥550,000を現金で納めた。

(2) 決算にあたり，税引前当期純利益¥3,120,000に対して35％の金額を法人税等として計上した。上記(1)の予定納税額を差し引き未払法人税等を算定する。

(3) 商品¥110,000（税込価格）を掛けで仕入れた。

(4) 備品¥770,000（税込価格）を購入し，小切手を振り出して支払った。

(5) 商品を¥1,100,000（税込価格）で販売し，代金は現金で受け取った。

(6) 決算になり，上記(3), (4), (5)から消費税の納付額を算定し，適正に処理した。

	借　　方	金　　額	貸　　方	金　　額
(1)				
(2)				
(3)				
(4)				
(5)				
(6)				

学籍番号（　　　　　　　　　　　　）氏名（　　　　　　　　　　　　）

　以下の資料にもとづいて，精算表を作成しなさい。事業年度（会計期間）は×3年4月1日から×4年3月31日とする。

＜資　料＞　決算整理事項等

⑴　従業員が出張から戻り，旅費交通費を精算し，残金¥5,000を受け取っていたが，未記入であった。なお，この従業員に対して旅費概算額　現金¥50,000を仮払いしていた。

⑵　売掛金の期末残高に対して3％の貸倒引当金を設定する。（差額補充法）

⑶　×3年7月1日に株主に配当金を支払ったが，その処理を下記のように行っていた。

（借）仮　払　金　300,000　（貸）現　　　　　金　300,000

⑷　期末商品棚卸高は¥560,000である。売上原価は仕入勘定で算定している。

⑸　残高試算表の土地のうち¥500,000（帳簿価額）を¥650,000で売却し，売却代金を現金で受け取った際に，下記の仕訳を行っていた。適切に修正する。

（借）現　　　　　金　650,000　（貸）仮　受　金　650,000

⑹　消費税の処理をする。

⑺　家賃¥2,400,000は×3年4月1日に2年分支払ったものである。

⑻　当座預金の貸方残高を当座借越勘定に振り替える。なお，銀行とは借越限度額¥1,000,000の当座借越契約を締結している。

⑼　法人税等は税率30％で計上する。なお，当期の中間納付は¥80,000であった。

精 算 表
×3年4月1日から×4年3月31日

勘定科目	残高試算表 借方	残高試算表 貸方	整理記入 借方	整理記入 貸方	損益計算書 借方	損益計算書 貸方	貸借対照表 借方	貸借対照表 貸方
現　　　　金	1,250,000							
当 座 預 金		450,000						
売 　掛　 金	650,000							
繰 越 商 品	830,000							
仮 　払　 金	350,000							
仮 払 消 費 税	449,000							
仮 払 法 人 税 等	80,000							
土　　　　地	800,000							
買 　掛　 金		350,000						
仮 受 消 費 税		865,000						
仮 　受　 金		650,000						
貸 倒 引 当 金		10,000						
未 払 配 当 金		300,000						
資 　本　 金		800,000						
繰 越 利 益 剰 余 金		779,000						
売 　　　 上		8,650,000						
仕 　　　 入	3,160,000							
給 　　　 料	2,800,000							
旅 費 交 通 費	85,000							
支 払 家 賃	2,400,000							
	12,854,000	12,854,000						
当 座 借 越								
貸倒引当金繰入								
未 払 消 費 税								
前 払 家 賃								
固 定 資 産 売 却 益								
法 人 税 等								
未 払 法 人 税 等								
当 期 純 利 益								

学籍番号（　　　　　　　　　　）氏名（　　　　　　　　　　　　）

以下の資料にもとづいて，損益計算書と貸借対照表を作成しなさい。事業年度（会計期間）は×3年4月1日から×4年3月31日とする。

<資　料>

決算整理前残高試算表

借　　方	勘　定　科　目	貸　　方
260,000	現　　　　　　　　　金	
306,000	当　　座　　預　　金	
658,000	売　　　掛　　　金	
385,000	繰　　越　　商　　品	
381,900	仮　　払　　消　　費　　税	
90,000	仮　　払　　法　　人　　税　等	
800,000	備　　　　　　　品	
	買　　　掛　　　金	216,000
	仮　　受　　消　　費　　税	585,000
	借　　　入　　　金	300,000
	貸　　倒　　引　　当　　金	5,000
	減　価　償　却　累　計　額	150,000
	資　　　本　　　金	50,000
	繰　越　利　益　剰　余　金	26,900
	売　　　　　　　上	5,850,000
3,782,000	仕　　　　　　　入	
483,000	給　　　　　　　料	
37,000	通　　　信　　　費	
7,182,900		7,182,900

≪決算整理事項≫

(1) 現金の実際有高は￥230,000であった。帳簿残高との差額のうち￥25,000は通信費の記帳漏れであることが判明した。残額は不明なので雑損または雑益として処理する。

(2) 売掛金￥110,000が当座預金口座に振り込まれていたが，この取引が未記帳であった。

(3) 期末商品棚卸高は￥312,500である。

(4) 売上債権について，差額補充法により4％の貸倒引当金を設定する。

(5) 備品については定額法（耐用年数4年，残存価額ゼロ）により減価償却を行う。なお，残高試

算表の金額のうち¥200,000は当期の10月1日に取得し事業用に供した。新規取得についても，減価償却条件は同様である。

(6) 借入金は，当期の12月1日に借入期間1年，利率年5％で借りたもので，利息は返済日に一括支払いとなっている。利息の未払分を月割り計上する。

(7) 給料の未払分が¥100,000ある。

(8) 決算にあたり未払消費税を計上する。

(9) 法人税等は税引前当期利益に対して40％で算出する。

損 益 計 算 書
×3年4月1日から×4年3月31日　　　（単位：円）

費　　用	金　額	収　益	金　額
売 上 原 価		売 上 高	
給　　料			
通 信 費			
貸 倒 引 当 金 繰 入			
減 価 償 却 費			
支 払 利 息			
雑 損 失			
法 人 税 等			
当 期 純 利 益			

貸 借 対 照 表
×4年3月31日　　　（単位：円）

資　産	金　額		負債・純資産	金　額	
現　　金		（　　）	買 掛 金	（	）
当 座 預 金		（　　）	借 入 金	（	）
売 掛 金	（　　）		未 払 費 用	（	）
貸 倒 引 当 金	（　　）	（　　）	未 払 消 費 税	（	）
商　　品		（　　）	未 払 法 人 税 等	（	）
備　　品	（　　）		資 本 金	（	）
減 価 償 却 累 計 額	（　　）	（　　）	繰 越 利 益 剰 余 金	（	）
		（　　）		（	）

— MEMO —

— MEMO —

監修者

太田　三郎（千葉商科大学名誉教授）

佐藤　正雄（千葉商科大学名誉教授）

桝岡源一郎（千葉商科大学名誉教授）

執筆者

小田　徳仁（千葉商科大学商経学部教授）　担当：第1章～第6章

谷川喜美江（千葉商科大学商経学部教授）　担当：第9章，第20章，第21章

千葉　啓司（千葉商科大学商経学部教授）　担当：第13章，第26章

土屋　清人（千葉商科大学商経学部准教授）　担当：第23章～第25章

根岸　亮平（千葉商科大学商経学部准教授）　担当：第7章，第8章，第19章

森　浩気（千葉商科大学商経学部准教授）　担当：第17章，第18章

吉田　正人（千葉商科大学人間社会学部教授）　担当：第10章～第12章

渡邉　圭（千葉商科大学基盤教育機構准教授）　担当：第14章～第16章，第22章

レクチャー初級簿記（第2版）

2018年4月1日　第1版第1刷発行
2022年3月30日　第1版第10刷発行
2023年4月1日　第2版第1刷発行

編　者　千 葉 商 科 大 学
　　　　会 計 研 究 室
発行者　山 本　　継
発行所　㈱ 中 央 経 済 社
発売元　㈱中央経済グループ
　　　　パ ブ リ ッ シ ン グ

〒101-0051　東京都千代田区神田神保町1-31-2
電話　03 (3293) 3371 （編集代表）
　　　03 (3293) 3381 （営業代表）
https://www.chuokeizai.co.jp
印刷／昭和情報プロセス㈱
製本／誠　製　本　㈱

© 2023
Printed in Japan

日商簿記検定試験　完全対応

検定簿記講義

◆１級～３級／全７巻

出題傾向に基づいた解説を２色刷りで見やすくレイアウトした
最新の簿記学習書

◇日商簿記検定試験合格へ向けた最も定番の全７巻シリーズ
◇各級・各科目の試験に要求される知識を，出題区分表に準拠して体系的に整理
◇わかりやすい解説とともに豊富な例題・練習問題で理解が深まり，試験対策も行える
◇姉妹書『検定簿記ワークブック』と章構成が連動しているため，検定試験突破には最適のテキスト

|1級| 商業簿記・会計学（上巻・下巻）
　　　渡部裕亘・片山　覚・北村敬子［編著］
　　　工業簿記・原価計算（上巻・下巻）
　　　岡本　清・廣本敏郎［編著］

|2級| 商業簿記　渡部裕亘・片山　覚・北村敬子［編著］
　　　工業簿記　岡本　清・廣本敏郎［編著］

|3級| 商業簿記　渡部裕亘・片山　覚・北村敬子［編著］

中央経済社